glotzi Verlag

D1671999

Stockstädter Literaturwettbewerb
2022-2023

HIMMEL
UND
HÖLLE

Die Siegerbeiträge

Die Schirmherrschaft über den Wettbewerb haben die Kulturstiftung der Kreissparkasse Groß-Gerau und weitere Sponsoren übernommen, die auch die finanzielle Ausstattung der Preise sicherstellen.

Wettbewerb und Buchmesse im Internet:
www.riedbuchmesse.de

 Facebook: Literaturportal Südhessen

Impressum

Das Buch „Himmel und Hölle" wird herausgegeben von der Gemeinde Stockstadt am Rhein. Es enthält die Siegertexte des so betitelten Wettbewerbs, den die Gemeinde im Jahre 2022 ausgeschrieben hat. Es ist im März 2023 zur 26. Buchmesse im Ried in Stockstadt erschienen.

Redaktion: René Granacher, Stockstadt am Rhein
Weitere Mitglieder der Wettbewerbsjury:
Edna Dimitriou, Darmstadt
Ralf Schwob, Groß-Gerau
Ingo Wintermeyer, Hasselrod

© 2023 by glotzi Verlag, Raversbeuren im Hunsrück
www.glotzi-Verlag.de
Umschlaggestaltung nach Ideen der Jury unter Verwendung zweier Bildmotive aus „Entrance Door" © Denis Kroytor, Ukraine | Dreamstime.com (70234763) und „Doors to heaven and hell" © boygostockphoto | Adobe Stock (119459922) sowie der Zeichnung Schnake „Schmöke" von Edwin Granacher für die Buchrückseite.
Herstellung: Books on Demand GmbH, Norderstedt
Printed in Germany
ISBN 978-3-935333-51-1

Vorwort

Normalität? Ja und Nein. Tatsächlich verliert die Corona-Pandemie ihren Schrecken, wird zu einer Endemie und hat kaum noch Einfluss auf die meisten Bereiche des öffentlichen Lebens. Drei Jahre lang haben wir darauf gewartet und gehofft – und hätten nie gedacht, dass uns inzwischen ein ganz anderes Ereignis erneut aus den gewohnten Bahnen wirft, in denen wir uns doch eigentlich wieder gemütlich einrichten wollten. Ein Krieg in Europa stellt vieles in Frage, „Zeitenwende" wurde zum Wort des Jahres.

Wie damit umzugehen ist, beschäftigt uns alle seit dem Februar 2022. Was sich herauskristallisiert hat: Wir erkennen die neue Realität an und reagieren darauf möglichst vernünftig, treffen auch Vorsorge, um noch Schlimmeres zu verhindern – aber wir lassen uns davon nicht komplett dominieren. Insbesondere lassen wir weder Angst noch Hass unsere Gemüter vergiften. Indem wir unser Leben weiterführen und nach Möglichkeit sogar genießen, belegen wir auch die Stärke unseres freiheitlichen Lebensentwurfs als Gegenmodell zu Gewalt und Aggression.

Damit sind wir nun endlich bei unserer Buchmesse und dem Literaturwettbewerb. Gerade Schreibende sind es ja, die auf aktuelle Veränderungen in der Welt reagieren, sie spiegeln und verarbeiten. Um den herausragenden Autorinnen und Autoren in unserem Umkreis dazu einen Anstoß zu geben, war das Thema „Himmel und Hölle" sicher geeignet. Tatsächlich fanden sich Bezüge zu dem, was in der Ukraine passiert, in vielen eingereichten Texten wieder.

Aber auch jeder andere Fokus ist uns willkommen, wenn wir

durch den Wettbewerb zu Reflexionen über unsere Lebenswelt und in der Folge zu interessanten Geschichten anregen! Wer unsere Siegerbücher verfolgt, kann sich immer wieder auf großartige Texte ganz unterschiedlicher Art freuen – die noch dazu oft Bezug auf unsere Region nehmen oder direkt in ihr entstanden sind. So profitieren vom Wettbewerb nicht nur die Siegerinnen und Sieger, sondern auch alle, die in Südhessen gerne lesen: Sie können durch den Genuss hochklassiger Literatur auf angenehme Art und Weise ihren Horizont erweitern.

So betreibt die Gemeinde Stockstadt am Rhein Kulturförderung, mit der sie Menschen einerseits zum Lesen und andererseits zum Schreiben anregt. Für dieses lohnende Ziel arbeiten wir mit Unterstützung durch Sponsoren aus der heimischen Wirtschaft nun schon seit mehr 25 Jahren. Dass es sich lohnt, zeigt wieder ein Blick in dieses Buch: So großartige Geschichten und so begabte Autorinnen und Autoren sollen nicht ohne Publikation und öffentliche Anerkennung bleiben!

Als kleine Kommune arbeiten wir eher an der Basis als mit den schon lange etablierten Schreibern. Es gibt höher dotierte Literaturpreise in Deutschland, und im Rampenlicht stehen da immer wieder die gleichen Personen. Bei uns dagegen kann jede(r) Schreibende, ob mit viel oder wenig Erfahrung, mit einem Preis nach Hause gehen – wenn der Text die Jury überzeugt. Bei uns gewinnen eher die Spitzenautorinnen und -autoren von morgen als die von heute. Eine ganze Reihe von denen, die in unserem Wettbewerb erfolgreich waren, haben später literarisch Karriere gemacht und wurden einem größeren Publikum bekannt.

So ist das Ried eine „literarische Landschaft", nicht nur durch Georg Büchner und Elisabeth Langgässer. Stockstadt am Rhein mit seiner kulturellen Tradition trägt gerne dazu bei, das hohe Niveau der Literatur in unserer Region zu fördern und bekanntzumachen – auch ganzjährig mit der Seite „Literaturportal Südhessen" auf Facebook, die sich Schriftsteller*innen und Büchern aus der Region widmet und immer mehr Zuspruch findet.

Ich wünsche den siegreichen Autorinnen und Autoren viel Glück für ihren weiteren Weg – und uns allen viel Freude mit diesem Siegerband!

Thomas Raschel,
Bürgermeister der Gemeinde Stockstadt am Rhein

Einführung:
Hölle, Hölle, Hölle!

Der Himmel ist manchmal auf Erden zu finden – die Hölle aber auch und erst recht. An vielen verschiedenen Orten sogar: Bei der Arbeit oder im Urlaub, im Krieg oder im Frieden, in der Vergangenheit oder in der Zukunft. Ganz besonders aber taucht die Hölle da auf, wo Menschen sich ganz nahe kommen, in Familien und Beziehungen. Ein Großteil der Geschichten in diesem Wettbewerb siedelte dort höllische Zustände an.

Klar: Ärgern kann mich jeder, verletzen können viele, aber wirklich in die Hölle schicken kann mich nur jemand, der mir nahe steht, an dem mir etwas liegt. „You only hurt the ones you love" sagt man auf Englisch, und das ist eine traurige Wahrheit. Wir sind Beziehungswesen, und je enger die Beziehung, je mehr wir uns öffnen und Vertrauen investieren, um so mehr können wir belohnt, aber auch beschädigt werden.

Da sind wir dann bei Sartre: „Die Hölle, das sind die anderen." Ja, möchte man hinzufügen, der Himmel aber auch. So wie in jedem von uns ein Engel und ein Teufel stecken, soziale wie auch eigensüchtige Charakterzüge, so können wir uns auch gegenseitig das Leben zum Himmel oder zur Hölle machen.

In den Texten war es weit öfter die Hölle als der Himmel. Wenig überraschend: Geschichten leben von Konflikten, und die bekommt man in Höllen-Situationen ja quasi automatisch mitgeliefert. Himmel und Konflikt scheint sich auf den ersten Blick gegenseitig auszuschließen.

Natürlich, so klar schwarz oder weiß ist die Welt in Wirklichkeit nicht, auch nicht in den Beiträgen zu unserem Wettbewerb. Mancher Himmel ist nicht so strahlend, wie es zuerst den Anschein hat, und manche Hölle nicht so düster. Besonders spannend wurde es, wenn die klare Trennung der beiden Begriffe aufgeweicht wurde: Des einen Himmel ist des anderen Hölle, oder hinter dem Etikett verbirgt sich nicht das, was darauf geschrieben steht. Oder man hat Himmel und Hölle als zwei Seiten der gleichen Medaille, weil keines davon ohne das andere bestehen kann.

Interessanter noch als die Schilderung eines Zustandes ist aber die einer Veränderung – in unserem Fall also, wenn aus einem Himmel eine Hölle wird oder umgekehrt. Wieder kommt Sartre ins Spiel, denn jetzt werden existentialistische Fragen gestellt: Welche Möglichkeiten im Guten oder Bösen gibt es für die menschliche Existenz, also auch für die eigene, und was sind die Einflussmöglichkeiten? Was lerne ich als Leser einer Geschichte darüber, wie man einem Zustand der Hölle entkommen und einen des Himmels erreichen kann? Billige Lösungen warten da nicht, wohl aber viele Denkanregungen.

Tatsächlich findet sich in den geschilderten Versuchen, aus einem höllischen Zustand zu entkommen, viel mehr Scheitern als Gelingen. Denken unsere Teilnehmer da pessimistisch, oder doch nur realistisch? Ist es die Scheu vor dem Happy End, das vielleicht als lasch oder kitschig empfunden werden könnte?

Positive Ansätze zumindest zuzulassen ist wohl literarisch tatsächlich schwerer, als die Hoffnungslosigkeit herauszuarbeiten, aber manchmal wurde es gewagt und gemeistert. Natürlich sind wir auch in Deutschland, wo man Tragik liebt und Heiterkeit mit Misstrauen betrachtet: Wenn in einer Oper am Ende nicht alle tot sind, stimmt doch etwas nicht. Dies ist unserem Wettbewerb nicht das Jahr der Wohlfühlgeschichten, aber das wäre in der aktuellen Weltlage wohl auch nicht angemessen. Öfters wurde auch über den Tod als solchen literarisch sinniert, was dann nicht nur traurig sein musste.

Zudem gab es Versuche, sich dem Thema humoristisch zu nähern. Da sieht man dann auch einen Unterschied: In den „ernsthaften" Geschichten reden wir immer über ganz irdische Manifestationen von Himmel und Hölle, die Begriffe sind Metaphern. Im engeren, mythologischen Sinn nutzt sie niemand im Ernst – aber sie eignen sich als kulturelle Versatzstücke gut zur komischen Verzerrung, für Parodien. So wie sie Thema unzähliger Cartoons sind: mit Harfe auf der Wolke sitzen einerseits, flammenumtoste Folterqualen andererseits. Als Verheißungs- oder Drohkulisse ernsthaft beschworen werden solche Vorstellungen selbst kirchlich kaum noch, aber mit Fantasie kann man auf den alten Bildern etwas Interessantes aufbauen.

Als Jury durften wir also eine große Fülle verschiedener Ansätze kennenlernen und hatten sie dann auch zu bewerten. Dabei hat sich keine der verschiedenen Herangehensweisen als grundsätzlich besser oder schlechter erwiesen – auf jedem Weg konnte man durch originelle Ideen, eine saubere Ausarbeitung und sprachlichen Schliff zu einer lesenswerten und preiswürdigen Geschichte kommen. Unterschiedliche literarische Ansätze innerhalb der Jury trafen auch diesmal auf ebenso unterschiedliche Geschmäcker, und in den Diskussionen konnten sich Texte ganz verschiedener Art durchsetzen.

So ist das Siegerbuch wieder ein Kaleidoskop gehaltvoller Geschichten, jede auf ihre Art lesenswert, und auch eine Leistungsschau der Literaten im Großraum um Stockstadt am Rhein. Viele neue Namen sind diesmal unter den Ausgezeichneten, bekannte „Wiederholungstäter" aber auch.

Nun wie üblich eine kurze Vorstellung der Siegertexte dieses Jahres.

Im Hauptwettbewerb gingen erste Preise an:

- *Zöpfe flechten* von **Brigitte Morgenroth** (59) aus Darmstadt. Eine außergewöhnlich gelungene literarische Reportage über den Krieg und seine Auswirkungen, aber auch über Vorgeschichten und Perspektiven, hochaktuell und differenziert.

- *Eine Frau, die im Regen spaziert* von **Fredy Gareis** (47) aus Nauheim. Zuweilen schmerzhaft realistische Schilderung einer Ehehölle und eines Ausbruchsversuchs – zugleich knapp und einfühlsam erzählt, raffiniert aufgebaut bis zur bitteren Pointe.

Mit dem Ehrenpreis „Riedschreiber" für den besten Text eines Vorjahressiegers belohnte die Jury:

- *Vergissmeinnicht* von **Nina Brenke** (38) aus Groß-Gerau. Originelle und gut geschriebene Erzählung, in der Erinnern die Hölle bedeutet und Vergessen – vielleicht – den Himmel.

Zweite Preise vergab die Jury für:

- *Ohne dich* von **Tamara Krappmann** (40) aus Pfungstadt. Glaubhafte Schilderung einer Krankheit und ihrer Wirkung auf die Familie, mit interessanten Analogien und einer zweiten Ebene in der Erinnerung.

- *Am Ende ihr Licht* von **Heidelinde Zimmer** (54) aus Rüsselsheim. Kindheit als Hölle ohne Ausweg, höchst eindringlich geschrieben und hineingefühlt in eine leider gar nicht so ferne Vergangenheit.

Einen dritten Preis bekamen die drei Erzählungen:

- *Höllensommer* von **Gabriele Schättel** (73) aus Mainz. Nette Episode von heiterer Hoffnung in der Hitze: der siebte Himmel der Liebe lässt auf sich warten.

- *Der Fluss nimmt die Erde auf ...* von **Klaus Brunn** (61) aus Pfungstadt. Der Tod samt dem Davor und dem Danach: eine Rückkehrgeschichte, die sich erst gegen Schluss ganz enthüllt.

- *Wie eine Amsel* von **Marga Rodmann** (54) aus Idstein. Starke Erzählung über ein bisschen Hölle, ein bisschen Himmel und die Kraft der Hoffnung, die aus Liebe entspringt.

Ein Spezialpreis „Mundart" ging an:

- *De Speckes* von **Fritz Stock** (69) aus Nieder-Wiesen. Milieugeschichte unter Kindern, die von der Authentizität und Direktheit der Sprache lebt.

Spezialpreise „Humor" gab es für zwei Geschichten:

- *Lutz* von **Ingrid Becker** (51) aus Stuttgart. Fantasievoll und detailverliebt fabuliert die verspielte Erzählung von den vielen Wegen zum Himmel, zur Hölle und ins Leben.

- *Der Hinterhofflohmarkt* von **Robin Dietz** (54) aus Darmstadt. Die Welt eines Mietshauses, gesehen aus dem Kopf eines überzeugten Querulanten: Wer sich in der Hölle glaubt, will sie auch anderen zukommen lassen.

Förderpreise vergab die Jury für:

- *Nächster Halt Wenzelsmühle* von **Gerd Henze** (56) aus Weinheim. Wenn das Leben eine Busfahrt ist, an welcher Haltestelle steigen wir aus? Ein Leben und seine Allegorie.

- *Kindheitserinnerungen* von **Beate Blacker** (59) aus Riedstadt. Kinderspiele werden zum Anstoß für Erinnerungen und Reflexionen.

- *Vor dem Fenster das Meer* von **Arri Dillinger** (72) aus Frankfurt am Main. Kurzkrimi über einen Beziehungsirrtum ohne Entkommen.

In der Jugendkategorie wurde mit dem 1. Preis ausgezeichnet:

– *Neuanfang* von **Josephine Szallies** (14) aus Mörfelden-Walldorf. Beeindruckendes Debüt: Erinnerung an das, was war, kann die Hölle sein – aber manchmal findet man einen Ausweg.

Der 2. Preis bei den Jugendlichen ging an:

– *Die Legende der Maya* von **Nathalie-Sophie Hammer** (18) aus Bensheim. In einer sauber geschriebenen Geschichte trifft Mythologie auf Realität und Vergangenheit auf Gegenwart.

Allen Siegerinnen und Siegern gratulieren wir zu ihren Preisen und vor allem zu dem Talent, das sie bewiesen haben! Ihnen und allen, die teilgenommen haben, wünschen wir für die Zukunft noch viele literarische Erfolge. Wenn der Stockstädter Literaturwettbewerb noch oft dazu beitragen kann, würden wir uns freuen!

Für die Jury
René Granacher

Inhaltsverzeichnis der Siegerbeiträge

Brigitte Morgenroth
Zöpfe flechten

Ich will leben.
Bruder, du auch.
Atemhauch
geht von meinem und deinem Mund.
Selma Meerbaum (1924-42)

Blau-gelbe Stoffblumen unter schwarzer Kapuze, fordernder Blick über der FFP-2-Maske. Die junge Frau hält ein selbstgemaltes Bild über den Kopf, rot-blaue Hände greifen nach dem Land: „Don't give up Ukraine". Vor dem Bundeskanzleramt skandieren Demonstrierende „Slava Ukraini", recken die Fäuste. Die Töne bleiben mir rau im Hals stecken, meine Faust ballt sich in der Jackentasche. Heute, am 24. Februar 2022, ist Putin in die Ukraine einmarschiert.

Die Blumenkränze der Frauen in Lwiw fünf Jahre zuvor. Getragen zu bestickter Tracht, zum Business-Kostüm, von Mädchen in engen Jeans und knappen Shirts. Die Kopftücher der Babuschkas, die an der Straße Veilchensträuße, Bündel rot-weißer Radieschen und Eier zum Verkauf anbieten. Die Flechtfrisuren der Sängerinnen, die vor den Überresten der Synagoge „Goldene Rose" polyphone Lieder singen, die von Weite zeugen. Im jüdischen Restaurant nebenan können wir den Preis verhandeln, indem wir Aufgaben erfüllen. Als mein Mann Juri und ich „Hejo, spann den Wagen an" im Kanon singen, senkt die Bedienung ihn lachend.

Am Rynokplatz rund um das Rathaus reihen sich Cafés und Restaurants in aufgeputzter k. u. k.-Architektur. In einem Wiener Kaffeehaus schleudert ein junger Mann mit Bäckermütze Teig durch die Luft. Der Teig dreht sich, wird immer dünner. Mehlstaub leuchtet, in der Auslage liegen süße und salzige Strudel.

Wir fahren zum Bahnhof, an dem Juris Vater 1939 ankam, geflüchtet aus dem Warschauer Ghetto. Die Wartehallen mit Marmorböden, hohen Fenstern und Kristallleuchtern – heute drängen sich Menschen in den Räumen, um in die andere Richtung vor dem Krieg zu flüchten.

Wir suchen das „Schottische Café", das Kawiarnia Szkocka, in dem sich vor dem zweiten Weltkrieg Mathematiker und Philosophen trafen. Zu einer Zeit, in der die galizische Bevölkerung so vielfältig war wie die Glasstücke eines Kaleidoskops, in dem immer wieder neue, überraschende Bilder entstehen. Später führte das Sortieren, Aussortieren von Nationalitäten und Religionen zur Vernichtung. Wenige Tage im Sommer 1941 wurden zum Fanal. In Gefängnissen verwesten Menschen, ermordet vom russischen NKDW. Die einmarschierte Wehrmacht machte jüdische Bolschwiken dafür verantwortlich. Aufgestachelt jagte die Bevölkerung ihre jüdischen Mitbürger. Ukrainische Nationalisten um Stepan Bandera machten sich zu Handlangern der Nazis. Banderas, heute ein russisches Schimpfwort für Ukrainer. Nur Tage später ermordeten die Deutschen 23 Professoren polnischer Herkunft, denunziert von ihren ukrainischen Studenten. Das schottische Café haben wir gefunden. Wo sich früher Intellektuelle trafen, stehen heute Bankautomaten.

Die bauschigen Sonnenschirme des Operncafés sind Tütüs, aus denen sich Silhouetten von Tänzerinnen anmutig biegen. Das Corps du Ballet schwebt über den Platz, brandet an die mächtige Steinsäule mit der Bronze Adam Mickiewiczs, dem polnischen Nationaldichter der Romantik. Damals träumte Polen von der Wiedererrichtung seines Großreiches, zu dem auch die Westukraine gehört.

Im Regen laufen wir durch das armenische Viertel, erklimmen einen Hügel mitten in der Stadt – das hohe Schloss. Hier residierte Fürst Lem, der Stadtgründer. Hohes Schloss, so nannte

Stanisław Lem, der in Lemberg aufwuchs, seine Autobiographie. Berg des Löwen, Leopolis, Lwów, Lviv.

Der jüdische Friedhof liegt unter dem Krakau-Markt, seine zertrümmerten Grabsteine sind zu Straßenpflaster verbaut. Stände mit kunstvoll gestapeltem Gemüse, Eiern und Honig. Neben dem Markt das ehemalige jüdische Krankenhaus. In verborgenen Hausecken entdecken wir manchmal eine Leerstelle, an der eine Mesusa vergeblich versucht hatte, ihre jüdischen Bewohner vor Pogromen zu schützen. Vor dem zweiten Weltkrieg war ein Drittel der Bevölkerung jüdisch, danach waren es keine hundert Menschen mehr. Gustav Willhaus, Kommandant des Lagers Janowska bei Lwiw, erschoss zu seinem Geburtstag von seiner Terrasse aus für jedes Lebensjahr einen Häftling. Im Jahr 2018 schob Horst Seehofer zu seinem 69. Geburtstag 69 afghanische Geflüchtete ab.

Putin verglich die Ukraine mit einem Mädchen, dem die Zöpfe geflochten werden müssen. Es ziept und ist unangenehm, doch am Ende wird das Mädchen für die Zöpfe dankbar sein. Ich denke an das bronzene Mädchen vom Holodomor-Denkmal in Kiew. Mit streng geflochtenen Zöpfen und Hungeraugen drückt sie drei Weizenähren an die magere Brust. In den dreißiger Jahren ließ Stalin die Landbevölkerung in der Ukraine verhungern, viele Millionen starben. Zwangskollektivierung, Abtransport der Ernte – die Kornkammer Ukraine musste die Städte nähren. Holodomor, die Ukraine bezeichnet ihn als Völkermord, doch das nationale Trauma findet keine internationale Anerkennung. Um die ukrainische Identität zu zerstören, ließ Stalin umsiedeln, deportieren, ermorden. Die Angst sitzt tief, Putin will wieder Zöpfe flechten.

Durch die Karpaten fahren wir nach Czernowitz. Ich will die Stadt in der Bukowina kennenlernen, in der Rose Ausländer, Paul Celan und Selma Meerbaum gelebt haben.

Regenfäden schraffieren die Luft, die Schlaglöcher füllen sich mit Wasser, unser Auto schwankt. Dörfer mit geduckten Häusern und üppigen Gärten, Frauen in Gummistiefeln auf schlammigen Wegen. Sie tragen Röcke und Pullover in mehreren Schichten, Kopftücher über geröteten Wangen. Ich muss an Matrjoschkas denken, ineinander gesteckt, Schicht für Schicht.

Die Reichen kaufen sich SUVs und sacken das Geld für den Straßenbau ein, schimpft später unser Wirt. Die Autos der kleinen Leute sind bei diesen Straßen in kurzer Zeit Schrott. Immer wieder begegnen uns Pferdewagen, geführt von Männern in zerschlissener Militärkleidung mit Gesichtern, die vom harten Leben und vom Alkohol erzählen. Doch manchmal treibt auch ein junger Mann die Pferde stehend an und lenkt den Wagen im schnellen Tempo an den Schlaglöchern vorbei.

Wir wandern auf Ziehwegen, die schnurgerade den Berg hinaufführen, versinken knöcheltief im Schlamm. Vom Gipfel blicken wir auf das grüne Dach des Waldes, aber auch auf Bergflanken mit kahlen Quadraten, als hätte ein Kind mit einem braunen Stift die Bäume grob übermalt. Auf unserer Fahrt weichen wir immer wieder rostigen Lastwagen aus, beladen mit geschlagenem Holz. Am Bahnhof in Kolomya, einer freundlichen Stadt in den Karpaten, stehen unendliche Reihen Güterwaggons mit Holzstämmen auf den Gleisen. Die Armee schlage die Bäume, sagt unser Wirt. Sie brauchen das Geld, um den Krieg im Donbass zu finanzieren. Er erzählt von seinem Sohn, der in Deutschland als Arzt arbeitet, von den Enkelkindern, die er selten sieht.

Wir fahren durch das Land der Uzulen, kaufen Ziegenhaarsocken und getrocknete Steinpilze, verlassen die Karpaten. Häuser mit kunstvollen Holzverzierungen an Balkonen und Gauben. Golden leuchten die Kuppeln neu erbauter orthodoxer Kirchen. Uns sind die Holzkirchen näher, Welterbe für kulturbeflissene Touristen.

Czernowitz, ein kleines Abbild von Wien. Das Zentrum renoviert, etwas weiter abblätternder Putz und aufgerissene Straßen.

Ein verstaubter Kristallleuchter an der hohen Decke unseres Zimmers, Tapeten aus Zeiten der Monarchie. Im Touristenbüro kringelt eine junge Frau die Sehenswürdigkeiten auf dem Stadtplan ein, erklärt uns die Wege auf Englisch. Auf unsere Frage nach dem jüdischen Friedhof bleibt der Stift in der Luft hängen: Davon habe sie noch nichts gehört.

Im Reiseführer finden wir den Friedhof, er liegt am Rand der Stadt. Wir steigen in eine verrostete Straßenbahn, die finster blickende Fahrerin füllt ihre Kabine fast vollständig aus.

Durch ein schmiedeeisernes Tor treten wir in den Friedhof ein. Verzaubert betrachte ich ein Grabmal mit bunten Scheiben in gotischen Bögen. Die Sonne malt blaue und rote Flecken auf bröselnden Putz.

Ein alter Mann mit Schubkarre geht vorbei, begleitet von einem Hund. Wir folgen ihm. Der Friedhof liegt auf einem Hügel, das Feld von Grabsteinen senkt sich mit ihm ab, scheint am Horizont zu verschwinden, dahinter erhebt sich dunstig die Silhouette der Stadt. Pflanzen wuchern um die Grabsteine, doch an manchen Stellen gibt eine verdörrte Vegetation den Blick frei. Der Mann kreuzt erneut unseren Weg, setzt die Schubkarre ab, spricht Juri auf Ukrainisch an, dann im jiddisch gefärbtem Deutsch.

„Fun wo iz dayn mame?"

Juri nennt den Namen des Ortes, der in Yad Vashem auf der Stele mit den Städtenamen steht, in denen jüdisches Leben ausgelöscht wurde. Der Mann erzählt, er kümmere sich allein um den Friedhof. Er führe Israelis und jüdische US-Amerikaner zu den Gräbern ihrer Vorfahren. Das sei mit dem vielen Unkraut nicht so einfach, aber Glyphosat ersetze das mühselige Jäten.

Wir verlassen den Friedhof durch die Trauerhalle, durch die zerstörte Kuppel fallen Sonnenstrahlen. Wie eine Zeitmaschine spuckt sie uns in die lärmige Gegenwart. Lastwagen voller Kohl stehen mit laufendem Motor am Straßenrand. Laut rufend verladen Männer die Kohlköpfe in Minivans.

Festlich gekleidete Familien spazieren die Russkaya entlang, die Nicolaikirche glänzt in der Sonne mit seltsam verdrehten Türmchen. Lautsprecher übertragen den Singsang des Popen auf den Platz, Frauen mit Kopftüchern strömen in die Kirche. Ich folge ihnen, ziehe mein Tuch über die Haare, bevor ich eintrete. Mönche in schwarzen Gewändern und bauschigen Bärten singen, ihre Bässe vibrieren im Bauch. Die Menschen stehen betend in einer Kirche ohne Bänke, der Priester unsichtbar hinter der Ikonostase, einer Wand aus goldenen Heiligenbildern. Juri wartet draußen, ihn stößt die rückwärts-gewandte Religiosität ab. Vor der Kirche bettelt ein Soldat, das leere Hosenbein hochgerollt.

Wir schauen flanierenden Menschen zu, beobachten das Spiel der Jugendlichen. Die Mädchen mit langen Haaren, kurzen Röcken und hochhackigen Schuhen. Die Jungen uniform mit kurz rasierten Haaren, knappen T-Shirts und Jeans in used Look. Heute müssen sie kämpfen. Heute würde ich gerne ihre Verschiedenheit sehen: den fröhlichen Pjotr, den schüchternen Daniil, den klugen Artem. Ihre Großeltern aus Russland ersetzten die Bevölkerung, eine nationale Identität durfte nicht entstehen. Jetzt sollen sie wieder Russen sein, die sich mit Putins Hilfe gegen ukrainische Nazis wehren. Doch Menschen schreiben ihre Geschichte selber fort. Nach der russischen Invasion bauen Filmemacherinnen in Czernowitz ein Verteilungszentrum auf. Sie sammeln Spenden und beschaffen Materialien, die sie in die umkämpften Gebiete schicken. Sie sind es gewohnt, den Mangel zu verwalten.

In Kiew treffen wir Juris Familie. Start eines Road Trips durch die Familiengeschichte. Das schmale Hotel ein altes Feuerwehrhaus, in jedem Stockwerk ein Familienzweig. Der Schwedische vom ältesten Bruder Marek oben, darunter der Niederländische vom mittleren Bruder Jaschek. Wir schlafen direkt über der Garage, in der Feuerwehrautos stehen. Juri ist Jurek, der jüngste deutsche Bruder.

Abends spazieren wir durch den Schewetschenko-Park. Männer

spielen Schach, Paare sitzen auf Bänken, Kinder spielen. Die Gespräche fliegen in Englisch, Niederländisch, Deutsch und Schwedisch hin und her. Die Brüder reden polnisch, drei weiße Haarschöpfe, so ähnlich in ihrer Unterschiedlichkeit. Polizeibarrieren sperren die Innenstadt ab. Menschen nutzen die Auszeit vom Verkehr, um auf der Khreschatyk zu flanieren. Zuckerwatte leuchtet pink, gebrannte Mandeln duften. Junge Männer performen Breakdance, cool, akrobatisch. Ein kleines Mädchen tanzt mit wippendem Pferdeschwanz zu den harten Beats. Dann öffnet sich der Unabhängigkeitsplatz, der Maidan, umrahmt von mächtigen Häusern im Stil der Stalin-Ära. Ein goldener Engel auf einer Säule breitet seine Flügel aus, junge Paare tanzen eng zur Musik aus einer Bluetooth-Box.

Erst am nächsten Tag sehen wir die Bilder der Menschen, die 2014 auf dem Maidan gestorben sind, blau-gelbe Bänder, geflochten zur Erinnerung. Schon damals der Wunsch, Teil der EU zu werden. Eine Kränkung für Putin, der daraufhin das Land mit einem Krieg im Osten destabilisierte und die Krim annektierte. Wer beim Zöpfe flechten nicht still hält, muss fühlen.

Gitter versperren den Rückweg zum Hotel. Schwarzgekleidete Polizisten drängen die Menschen zurück. Wir zeigen unsere ausländischen Pässe. Sie lassen uns durch, hinter uns die aufgeregten Rufe der Menschen, vor denen das Gitter sich wieder schließt. Morgen findet hier die Gay-Pride statt, erklärt Jaschek. Die Polizisten sollen die schwule Community vor rechten Nationalisten schützen.

Auf dem Weg zum Höhlenkloster der Blick auf Kiew, eine Stadt auf Hügeln erbaut an den Ufern des Dnepr. Golden glänzen die Kuppeln unzähliger Kirchen – das „Jerusalem des Ostens", die „Ewige Stadt des Nordens". Doch auch das „neue Berlin" mit Clubs, wilder Kreativität und wuchernden Plattenhaussiedlungen. Später versuche ich in den Bildern des Krieges Gegenden und Gebäude zu erkennen. Doch in der Zerstörung scheint alles gleich, verletzt starren Häuser aus schwarzen Höhlen.

Wir gehen die Andrijiwskyj, den Andreassteig hinunter. Geschäfte und Galerien in pittoresken Häusern, an Ständen verkaufen Frauen geklöppelte Spitzen und bestickte Blusen. Wir essen Vareniki, Teigtaschen gefüllt mit Kirschen, dazu Schmand. An einer Hauswand das Graffito einer jungen Frau mit Blumenkranz und geflochtenem Zopf vor einer märchenhaften Silhouette von Kiew. Auf einem Platz ein Riesenrad und pastellfarbene Häuser wie vom Zuckerbäcker. Vor dem Brunnen sitzen Menschen im Kreis und meditieren.

Google Maps führt uns durch Häuserschluchten. Nur die Satellitenschüsseln an den verwahrlosten Plattenbauten weisen darauf hin, dass hier Menschen wohnen. Wir überqueren einen Friedhof, die Kreuze rostige Wasserrohre. Zwischen hupenden Autos laufen wir über eine mehrspurige Straße ohne Fußgängerübergang. Dann das Schild „The National Memorial Babi Yar".

Eine Rampe führt zum russischen Monument, auf dem sich Menschenleiber gequält in den Himmel recken. Wir sind Wichte vor übermächtigen Silhouetten im gleißenden Licht, Gedenken an die Opfer des großen vaterländischen Kriegs. Eine Differenzierung ist nicht gewünscht, die Vernichtung der jüdischen Welt eine nachgeordnete Katastrophe.

Alle haben gleich gelitten.

Vor einer Pappelallee ein Gedenkstein mit Menora und zerfließendem Davidstern. Im September 1941 ermordeten deutsche Sondereinheiten in 48 Stunden über 33.000 jüdische Männer, Frauen und Kinder. Sie füllten die Schlucht mit Schichten aus erschossenen Menschen und Erde.

Ein Wäldchen hoher Birken. Ich setze mich in ihren Schatten, glaube im Wispern der Blätter Stimmen zu hören, die ihre Geschichte erzählen. Hätte ich damals den Mut gehabt, zu meinem jüdischen Mann zu stehen?

Juri steht verloren am Rand eines Bruchs im sandigen Boden. Sein Vater war im Sommer 1941 in Kiew gewesen, floh weiter nach Osten, bevor die Deutschen die Stadt einnahmen. Zum zweiten Mal entkam er dem Tod. Sein nächstes Ziel war Odessa. Die Stadt, die Putin heute im Visier hat.

Ein Wagen steht für Sinti und Roma, zerbrochene Puppen für Kinder, Schrifttafeln für Kommunisten, ein Kreuz für Nationalisten – jede Opfergruppe fordert eigenes Gedenken. Ermordete Fußballspieler von Dynamo Kiew werden als Helden verehrt. Die Legende erzählt von einem Todesspiel. Die Ukrainer bezahlten den Sieg gegen die deutsche Mannschaft mit ihrem Leben – statt des Hitlergrußes zeigten sie die Faust. Ein Mythos, von Historikern widerlegt, doch immer noch wirkmächtig. Der Kampf gegen einen überlegenen Gegner, voller Leidenschaft geführt.

Das Morden in Babi Yar zog immer weitere Kreise. Bis hin zu den Prostituierten, vergast in einem Lastwagen, als sie zur deutschen Lust nicht mehr taugten. Für jeden Menschen, der nach dem Krieg noch in Kiew lebte, standen vier, die verhungert, ermordet oder nach Deutschland zur Zwangsarbeit verschleppt worden waren. Wer überlebte, war einfach noch nicht dran gewesen.

Vor dem Rückzug galt es, Spuren zu verwischen. Manifestierte sich die Monstrosität des Verbrechens für die Täter erst durch den zu erwartenden Blick von außen? KZ-Häftlinge gruben die verwesenden Leichen aus, verbrannten sie auf benzingetränkten Eisenbahnschwellen, zermahlten die Reste in einer Knochenmühle. Todgeweihte Zeugen, doch Einer konnte bei den Nürnberger Prozessen die Aktion „Enterdung" bezeugen.

Nach dem Krieg sollte ein Sportstadion den Hinrichtungsort überspannen. Stattdessen baute die Stadt 1960 einen Staudamm und flutete die Schlucht. Doch der Ort verweigerte das Vergessen. Ein Jahr später brach der Damm, Schlamm und Asche überschwemmte Häuser, tötete Menschen. Danach entstand ein Park in Babi Yar. Der jüdische Friedhof, Sammelplatz vor dem Töten, wurde eingeebnet, ein Fernsehturm darauf gebaut. Putins Raketen beschädigten ihn, Selenskyj sprach von Schändung.

Erschöpft flüchten wir in die Metro. Steile Rolltreppen führen tief in die Erde. Unten hohe Gänge, elegante Steinbögen, Kristall-leuchter, Kuppeln mit umlaufenden Mosaikbändern, darauf stili-sierte Tiere und Pflanzen. Eine prunkvolle Welt in der Tiefe, durch die Menschen hasten. Ein Arbeiter in Hemd und Mütze tritt uns aus einem Kachelbild entgegen.

Im März 2022 sehe ich Bilder von Menschen, die zum Schutz vor russischen Raketen in der Kiewer Metro leben. Ein Streichquartett spielt klassische Musik, Frauen improvisieren Familienalltag in ei-nem Lager aus Matratzen und Decken, Kinder spielen in Winter-jacken.

Wir verlassen Kiew, fahren in einem Kleinbus durch endlose Vorstädte, bis die Plattenbauten Feldern weichen. Unser nächstes Ziel ist Uman. Flache Betonbauten, Läden mit hebräischen Schriftzügen, Männer mit Schläfenlocken und schwebenden Hüten. Den Jungen hängen die Fäden der Gebetsschals aus den Hemden. Nur wenige Frauen eilen mit langen Röcken und Kopf-tüchern über die Straße. Wir übernachten in einem kosheren Hotel, frühstücken mit lärmenden Familien. Am nächsten Tag be-suchen wir das Grab Rabbi Nachmanns, eines Zaddiks der chassi-dischen Juden. Zum Neujahrsfest Rosch ha-Schana pilgern Zehn-tausende aus aller Welt zu dem Grab. Getrennte Eingänge für Männer und Frauen, getrennte Betsäle, getrennt der kurze Blick auf die Grabstätte. Wir werden nicht beachtet, scheinen in dieser religiösen Welt nicht zu existieren. Nur der kurze Rock der Nichte stößt auf Missfallen.

Unser Bus fährt durch endlose Weizenfelder, Wolken jagen über den weiten Himmel. Wir erreichen das Dorf, in dem die Mutter gelebt hat, bevor die Familie nach Odessa zog, parken auf dem Platz vor dem Rathaus. Wir folgen der Dorfstraße, suchen in der flimmernden Hitze nach dem Elternhaus, von dem niemand weiß, wie es ausgesehen hat und ob es noch existiert. Holzhäuser, Gärten mit Obstbäumen und Gemüsebeeten. Feuerlilien züngeln durch Zaunlatten, Gänse kommen uns schnatternd entgegen. Dann eine Au, Weiden, ein Fluss, über den eine Holzbrücke führt. Zwei Männer stehen mit nackten Oberkörpern im Wasser und reißen Pflanzen aus. Sie lachen und rufen uns etwas zu. Wir setzen uns ans Ufer, schwimmen in Unterwäsche durch das trübe Wasser. Werden auch hier irgendwann Raketen die Häuser zerstören, russische Panzer fahren, Menschen tot auf der Straße liegen?

Wir gehen in ein Café, einem kahlen Raum mit plärrendem Fernseher. Ich hole Kaffee aus Plastikbechern, eine kleine Frau mit gelbem Topfhut wischt den Kachelboden. Da beginnt der älteste Bruder zu erzählen. Er ist der Einzige, der mit seiner Mutter das Dorf besucht hat, er ist derjenige, der bisher nicht darüber sprechen wollte. Alle sind still, während Erinnerungen aus ihm sprechen, als befände er sich in einer anderen Zeit.

Odessa, der Verkehr wird dichter, die Abgase schwerer, wir enden im Gewirr enger Gassen. Unser Hotel an der Meerpromenade empfängt uns mit weiten Treppenaufgängen, Säulen und livrierten Pagen. Hier haben sich früher reiche Kurgäste erholt.

Abends gehen wir hinunter zum Hafen, Industriekräne recken sich leuchtend in den Himmel. Die potemkische Treppe liegt breit auf dem Hügel, steigt hoch zum Stadtplateau, führt scheinbar immer weiter. In Eisensteins Stummfilm „Panzerkreuzer Potemkin" marschieren Mützen, Uniformen, Stiefel die Treppe hinunter, schießen wahllos in eine flüchtende Menge. Treffen ein Kind, es wird von fliehenden Menschen zertrampelt. Ein Kinderwagen entgleitet der sterbenden Mutter und rollt die Treppe hinunter, ein alter Mann wirft sich weinend über seine tote Frau.

Heute stehen Mädchen auf den Stufen, werfen Haare, machen Selfies mit schmollenden Lippen. Am Ende der Treppe ein Platz, auf dem der steinerne Duc de Richelieu, Gouverneur von Odessa, mit ausgestrecktem Arm auf das Meer deutet. Daneben warten Bähnchen auf Touristen. Fünf Jahre später werden Menschen wieder zu Helmen, Uniformen und Stiefel. Doch das konnten wir damals noch nicht wissen.

Am nächsten Tag fahren wir zum Friedhof, auf dem die Nichte nach langer Suche die Gräber der Großeltern gefunden hat. Enge Gräberreihen unter alten Bäumen, Efeu überwuchert die Grabplatten. Auf einem Obelisk der Name des Großvaters. Die Familie zwängt sich zum Gruppenbild zwischen die Gräber. Am Grab der Großmutter trinken wir Wodka aus Plastikbechern und umarmen uns.

Die Mutter durfte nicht zur Beerdigung der Großmutter kommen, erzählt der Bruder. Dabei habe die Mutter sich als Sowjetrussin gefühlt, als Kind geweint, als Stalin starb. Doch antisemitische Wellen vertrieben die Familie erst aus Russland, dann aus Polen. Der Militarismus in Israel verstreute sie über Europa.

Fünf Jahre später erreicht uns eine WhatsApp-Nachricht der Nichte. Eine russische Rakete hat den Friedhof getroffen und Gräber zerstört.

In einer Konditorei feiern wir mit Napoleone, dem Familienkuchen. Üppige Vanillecreme geschichtet zwischen Brandteig, gebacken zu jedem Geburtstag. Ich wähle ein Himbeertörtchen, zart mit Zucker bepudert. Im Park nebenan spielen Musiker in einem Pavillon. Grauhaarige Herren drehen schwungvoll ihre Partnerinnen. Eine Frau im lila Kleid mit rotgefärbten Haaren tanzt allein, kokett wippt ihre Handtasche. Die Leichtigkeit eines Sommernachmittags.

Abends gehen wir in die Oper, Giselle wird aufgeführt. Der runde Bau spiegelt sich in einem Wasserbassin. Balustraden, Statuen, Säulen und Rundbögen zittern, als eine Ente im Wasser landet. Ein Brautpaar macht Fotos. Igor, ein ukrainischer Freund, wartet am Eingang. Aus einer Loge beobachten wir das Ballett, russische Schule, Leichtigkeit, erzwungen durch Perfektion. Der Junge vor uns spielt gelangweilt auf seinem Handy.

Ein Gruppenfoto auf einer Treppe wie im Märchenschloss. Igor steht vorne, mit rundem Bauch und graumeliertem Bart. Heute organisiert er die Verteidigung Odessas mit. Vor der Oper flattern ukrainische Fahnen, das Orchester spielt ein Open-Air-Konzert für eine Flugverbotszone. Richelieu stehen die Sandsäcke bis zum Hals.

Auf der Fahrt zum Donaudelta leuchten Sonnenblumenfelder. Wir halten an und verstecken uns wie Kinder. Ich lege mich auf die Erde, sehe zwischen Blütenkränzen den Himmel.

Dann wird der Zustand der Straße so schlecht, dass der Verkehr sich andere Wege sucht. Eine Sandpiste, auf der Lastwagen über Schlaglöcher rasen und uns in einer Staubwolke zurücklassen. Wir erreichen den nördlichsten der drei Donauarme, die wie Finger das Delta bilden, richten uns an einem Campingplatz in Blockhütten ein. Ein ukrainischer Biologe fährt uns mit einem Boot über den träge fließenden Fluss. Schilf säumt die Ufer, Fischerhütten mit Reetdächern verstecken sich unter Weiden. Der Strom weitet sich ins Schwarze Meer, Pelikane rauschen über uns hinweg. Wir landen auf einer kleinen Insel, der Seewind vertreibt den Vogelkot-Geruch, das Meer glitzert zwischen schaumgekrönten Wellen. Hinter dem Horizont liegt Georgien.

Am Abend erwartet uns ein reichgedeckter Tisch unter Bäumen: Tomatensalat mit Zwiebeln, Bratkartoffeln, Kaviar mit Mayonnaise. Nicht vom Stör, denn das lebende Fossil ist streng geschützt. Doch ein illegaler Fang kann einem Fischer ein Haus finanzieren. Das Licht wird weich, die Zeit der Mücken naht. Vorsorglich zieht sich die Familie in eine Picknickhütte zurück, ein Kaninchenstall, bespannt mit Moskitonetzen. Ich will der Enge entfliehen, gehe zum Steg. Dunkel fließt der Fluss, Frösche schnarren, Seidenreiher leuchten im Schilf. Ich ziehe mich aus, gleite ins Wasser und lass mich auf dem Rücken liegend treiben. Denke an meinen Vater, der schon als Kind davon träumte, mit einem Floß auf der Donau bis ans Schwarze Meer zu fahren. Ich stelle mir vor, wie das Wasser aus Quellen, Bächen und Flüssen die Donau formt, das

Schmelzwasser der Berge sie im Frühjahr steigen lässt. Wie sie als blaue Donau Wien erreicht, die Heimatstadt meiner Eltern, um gleich danach durch den Osten zu fließen, der uns so lange fremd war. Banat, Walachei, Bessarabien: geheimnisvolle Worte aus der Vergangenheit, Sehnsuchtsorte für Herkunftssuchende.

Und wieder müssen Menschen fliehen.

Zur Autorin: Brigitte Morgenroth (59)

Wo sind Sie geboren und/oder aufgewachsen?	Ich bin in Neuchâtel/Schweiz geboren und in Hemsbach an der Bergstraße aufgewachsen.
Was beschäftigt Sie außer der Literatur – z. B. beruflich?	Ich arbeite in der Pressestelle des Paul-Ehrlich-Instituts. Mein Interesse neben der Literatur ist das Tanztheater.
Was ist das Besondere an den Texten, die Sie schreiben?	Mein Ziel ist es, aus einer Geschichte ein Kondensat zu machen, möglichst alles Überflüssige zu streichen.
Ein kurzes Statement: In unsicheren Zeiten können Bücher …	ein Anker sein, Trost bieten.
Welches Buch hat Sie zuletzt begeistert?	„Giovannis Zimmer" von James Baldwin.

Brigitte Morgenroth zählte in Stockstadt auch 2009 zu den Preisträgern.

Fredy Gareis

Eine Frau, die im Regen spaziert

Eine Stunde, bevor er nach Hause kommt, steht sie in der teuren Einbauküche und bereitet das Essen zu. Astrid greift nach dem Salz, will die Suppe abzuschmecken. Der Deckel fällt runter und in einem weißen Wasserfall rauscht das Salz in den Kochtopf.

Eine Weile schaut sie regungslos in die brodelnde Flüssigkeit. Dann schließt sie die Augen, setzt sich auf den Boden, lehnt sich mit dem Rücken an die silberne Spülmaschine. Sie atmet unregelmäßig, kratzt sich im Gesicht, am Hinterkopf. Zwischen den langen blonden Haaren bereits eine feuerrote Stelle.

Sie schaut auf ihre Armbanduhr. Sagt sich: reiß dich zusammen. Steht wieder auf und kämpft dabei gegen die Schwerkraft. Astrid beschließt, die Suppe wegzuschütten und neu zu kochen. Hofft, dass er nicht pünktlich ist. Das Salz lässt sie diesmal weg, weil sie ihren zitternden Händen nicht mehr über den Weg traut.

Tatsächlich kommt er mit fünfzehn Minuten Verspätung. An dem Tisch aus dunklem Eichenholz sitzen sie sich gegenüber, neben ihnen noch Platz für exakt vier Kinder. Aber es gibt keine Kinder.

Wie war dein Tag, Paul?, fragt Astrid, während er den ersten Löffel Suppe zum Mund führt. Er pustet ausgiebig über die Flüssigkeit. Astrid beobachtet, wie sein Adamsapfel hoch und runter fährt, wie ein knorpeliger Aufzug. Fragt sich, ob es heute schon wieder Ärger auf der Arbeit gab.

Gute Suppe, sagt Paul.

Fehlt da nicht ein bisschen Salz?

Nein. Genau richtig.

Erst jetzt beginnt sie selbst zu essen.

Während Astrid später den Abwasch macht, setzt er sich in die Wohnlandschaft vor den Fernseher und klickt sich durch die Kanäle. Dann geht sie raus auf die Terrasse und dreht sich eine Zigarette. Der Abend ist friedlich, es ist Spätsommer, die Luft noch lau. Die Zigarette beruhigt sie. Sie fragt sich, warum dieses Wohngebiet eigentlich Blauer See heißt, wenn doch nirgends einer zu sehen ist. Nur lauter Einfamilienhäuser. Irgendwo dahinter rauscht der Verkehr der Autobahn wie eine Meeresbrandung.

Astrid schreckt zusammen, die Zigarette fällt ihr aus der Hand. Sie hat Paul überhaupt nicht kommen hören. Sie will sich bücken, um die Zigarette aufzuheben, aber er kommt ihr zuvor. Nimmt einen Zug von der Selbstgedrehten und sagt, pah, wie kannst du dieses Kraut nur rauchen?

Mir schmeckt's, sagt sie und greift nach der Zigarette, aber er schnickt sie weg.

Weißt du, was mir schmeckt? Er flüstert jetzt, wartet ihre Antwort nicht ab. Umgreift ihre Taille und hebt sie hoch. Er will, dass sie ihre Beine um ihn legt. Sie tut es. Er küsst sie. Erst langsam, fast aufmerksam, dann forsch. Trägt sie mühelos ins Schlafzimmer und wirft sie auf das ordentlich gemachte Bett. Er liebt sie und bald ist das Schlafzimmer voll von seinem Gestöhne.

Hinterher bleiben sie im Bett liegen. Sie mit ihrem Kopf auf seiner glatt rasierten Brust. Eine Weile lang herrscht Stille. Sie denkt daran, wie es früher einmal war. Als es ihr noch Spaß gemacht hat. Als ihr Körper noch einen eigenen Willen gehabt hat.

Liebst du mich?, fragt Paul.

Natürlich, antwortet sie. Wie kannst du so etwas fragen?

Wie sehr?

Sehr.

Hm, macht er, schweigt aber ansonsten.

Nach einer Pause sagt sie, Ich liebe dich mehr als mich selbst.

Er streichelt ihr über den Kopf. Ich weiß nicht, womit ich dich verdient habe, sagt er.

An einem Samstag will er unbedingt in den Baumarkt im Industriegebiet. Zielstrebig geht er zu den zwanzig Meter langen Farbregalen. Astrid folgt ihm. Sie weiß nicht, was sie hier machen. Sie haben erst vor zwei Jahren gestrichen. Das stimmt, sagt Paul, aber nur unseren Bereich. Jetzt möchte er das Kinderzimmer streichen. Den Dingen sozusagen auf die Sprünge helfen.

Zu den Farben gibt es Karteikarten mit blumigen Beschreibungen. Eine nach der anderen zieht er hervor und scheint Gefallen an den Ideen der Marketingabteilungen zu haben.

Hier, sagt er, was hältst du davon: Licht der Gletscher, pures Wasserblau.

Astrid zuckt mit den Schultern. Er wird still. Dann sagt er, raus mit der Sprache.

Wozu das alles?, fängt sie an und weiß eigentlich, dass sie nicht weiterreden sollte. Der Arzt sagt doch, wir können keine Kinder kriegen.

Paul lässt die Karte erst sinken, dann zu Boden fallen. Sie wendet ihren Blick ab, während er die Hände in die Hosentaschen steckt und sie zu Fäusten ballt.

Du meinst, ich kann keine Kinder kriegen?

Nein, sagt sie und merkt wie ihre Stimme eine Oktave höher geht. Ich habe wir gesagt.

Der Arzt meinte, wir müssen es nur weiter probieren.

Von ihr keine Äußerung mehr außer einem Schulterzucken. Sie weiß genau, was der Arzt gesagt hat.

Ich glaube, du bekommst deine Tage. Vielleicht sollten wir das zu Hause noch mal in Ruhe diskutieren.

An der ersten roten Ampel schielt sie rüber. Wie er mit den Fingern auf dem Lenkrad trommelt. Wie er den Gang einrammt, als die Ampel auf Grün schaltet.

Kurz vor ihrem Wohngebiet wieder eine rote Ampel.

Hier könnte ich einfach aussteigen, denkt Astrid. Tür auf, rüber in den Edeka. Ihre Hand bewegt sich Richtung Griff.

Aber was dann? Wie weiter?

Bevor sie eine Antwort finden kann, schaltet die Ampel auf grün. Zwanzig Sekunden später sind sie im Blauen See, wo Paul die Opel Omega Limousine vor ihrem zweistöckigen Haus parkt. Ein moderner, luftiger Bau. Sie erinnert sich, dass sie mal dachte, kurz nach der Heirat und dem Einzug, alles erreicht zu haben. Jetzt sieht sie eine Burgfeste mit hohen Türmen, mit einer Hebebrücke über einem Wassergraben, in dem ein ausgehungertes Krokodil lauert.

Paul holt den Farbeimer aus dem Kofferraum, geht auf die Tür zu, steckt den Schlüssel ins Schloss und sagt, Home, sweet Home.

Später am Abend, während Paul ausgegangen ist, überlegt Astrid ihre Mutter anzurufen. Sie hat das Telefon bereits in der Hand, überlegt es sich doch anders. Wann hat ihre Mutter ihr schon mal geglaubt? Paul ist bei jedem Besuch der Schwiegersohn par excellence und noch dazu unterstützt er ihre Familie finanziell. Und selbst wenn, dann würde ihre Mutter sagen, sie soll die Zähne zusammenbeißen, Liebe müsse auch mal weh tun, das war in ihrer Ehe genauso und schau sie jetzt an, im nächsten Jahr bereits Goldene Hochzeit.

Stattdessen setzt sie sich vor den Computer. Alles tut ihr weh. Der Hintern, der Bauch, die Rippen. Nur im Gesicht keine Spur von Pauls Wut. Eine Weile surft sie ziellos durchs Netz, dann landet sie, ohne es bewusst gewollt zu haben, in einem Forum für Beziehungsfragen. Sie staunt darüber, was manche Frauen so erleben, was manche Frauen so durchmachen müssen.

Sie raucht fünf Zigaretten, während sie sich durch die Erlebnisberichte, durch die Beichten liest. Dann steht sie auf, putzt, kocht für den nächsten Tag, schaut lange aus dem Fenster in den Garten. Wenn sie sich falsch bewegt, stöhnt sie auf. Wundert sich, wie zerbrechlich der menschliche Körper ist.

Schließlich setzt sie sich wieder an den Computer und legt sich einen Fantasienamen zu. Sie weiß, was sie schreiben will. Aber dann verharren ihre Finger fast eine halbe Stunde lang schwebend über der Tastatur. Sie gibt sich einen Ruck und beginnt zu tippen, zögerlich zuerst, dann immer schneller. Sie klickt auf Veröffentlichen. Lehnt sich zurück. Wartet. Nichts passiert. Sie schaut auf ihre Uhr und erschrickt über die späte Stunde und noch mehr über das Geräusch von Pauls Schlüssel, der sich im Schloss der Haustür dreht. Blitzschnell schaltet sie den Rechner aus und geht ins Badezimmer.

Beim Frühstück ist sie so nervös, dass es sogar ihm auffällt.

Alles in Ordnung?, fragt er zwischen zwei Bissen von seinem Rührei. Du siehst aus wie ein gehetzter Karnickel.

Ich überlege nur, was ich heute alles zu tun habe.

Er nickt, fragt nicht weiter nach. Trinkt seinen Kakao aus, küsst sie auf die Wange und verabschiedet sich.

Sie bleibt an der Spüle stehen, wäscht und trocknet das Geschirr. Schließlich verräumt sie es, ganz langsam, ganz bewusst. Dabei flüstert sie: Das ist der Schrank, hier geht der Teller rein. Das ist die Schublade, hier gehen Löffel und Gabel rein. Sie macht alles so behutsam, als würde sie die Utensilien auf ein Sterbebett legen. Dann cremt sie sich die Hände mit Mandelöl ein und schaut aus dem Fenster. Es ist ein schöner Tag. Blauer Himmel, ein paar Schäfchenwolken. Nicht zu warm, nicht zu kalt. Zwei Eichhörnchen toben durch einen Kastanienbaum.

Sie setzt sich vor den Computer und öffnet die Seite von gestern. Sie muss mehrmals blinzeln. Eintausendsiebenhundert Kommentare. Astrid steht auf, macht sich einen Kaffee, setzt sich wieder hin und fängt an zu lesen, ist aber bald enttäuscht über die Qualität der Vorschläge. Sie findet, die hätte sie sich auch selbst geben können. Sie will die Seite schon schließen, da erscheint ein neuer Kommentar. Er schlägt in eine andere Kerbe. Sie nimmt einen Notizblock zur Hand und will den Vorschlag aufschreiben, entscheidet sich dann dagegen. Astrid streicht die Haare hinters Ohr, liest die Antworten, die im Sekundentakt auf den neuen Vorschlag erscheinen, ihn erweitern, ausführen und verbessern.

Der Mann im blauen Overall begrüßt sie überschwänglich, sagt, Treber sei sein Name, Georg Treber, immer zu Diensten, wie könne er behilflich sein? Hinter ihm an der Wand hängen gerahmte Urkunden über mehrfach ausgezeichneten Service.

Ich hatte angerufen, sagt Astrid in der zu einem Lager umfunktionierten Fabrikhalle.

Welche Größe haben Sie denn im Sinn?

Da liegt das Problem. Ich konnte mir unter der Kubikmeterzahl auf der Webseite nichts so richtig vorstellen.

Kann passieren. Schauen wir uns doch das Ganze einfach mal an. Nachts sind schließlich alle Katzen grau. Wenn Sie so freundlich wären und mir folgen?

Das tut sie, hinein in die Eingeweide des alten Tor 26. Sie wundert sich über den frisch-herben Geruch. Es dauert eine Weile, bis sie versteht, dass es das Parfüm von Treber ist.

Wie viele Lagerräume gibt es denn hier?

Ungefähr 120.

Und man hat 24 Stunden Zugang?

Jawohl, rund um die Uhr! Die Rezeption ist allerdings nur zu den üblichen Zeiten besetzt. So, hier wären wir schon. Das ist einer unserer größeren Räume.

Das Lager ist für Astrids Zwecke viel zu groß. Man könnte Basketball darin spielen. Sie sagt es Treber und er meint, das habe er sich schon fast gedacht, wollte aber zeigen, was so möglich wäre. In letzter Zeit erlebe er einen wahren Ansturm. Immer mehr Menschen wachse zu Hause das Chaos über den Kopf.

Treber zeigt ihr ein paar weitere Abteile, in absteigender Größe, dann bittet er sie wieder zu Rezeption. Dort könne man die Modalitäten bei einem Kaffee besprechen, die Atmosphäre im Lager sei dafür doch etwas zu funktional.

An einem Freitag nach dem Abendessen schmiegt sich Paul von hinten an sie, während sie den Abwasch macht.

Hast ganz schön Farbe bekommen.

Ich fahr viel Rad zur Zeit. Es ist so tolles Herbstwetter draußen. Gut, dass du nicht nur im Haus hockst. Und schau dir diese Backen an! Paul greift zu, wiegt ihren Po in seiner Hand.

Vielleicht sollte ich auch mal Rad fahren, sagt er und klopft sich auf den Bauch. Hab schon lange nichts mehr gemacht.

Es ist schön an der frischen Luft, sagt Astrid und denkt gleichzeitig daran, wie sie in den letzten zwei Wochen immer wieder mit dem Rad vom Blauen See zur Halle gefahren war, und sich dabei fühlte wie ein Eichhörnchen, das sich auf den Winter vorbereitet. Während sie den Vorschlag aus dem Internet aufs genaueste befolgte, grüßte Treber sie jedes Mal überaus freundlich und sah ihr dann belustigt auf den Sicherheitskameras zu, wie sie stets nur Kleinigkeiten in ihrem fünf Kubikmeter großen Lagerraum abstellte: Eine Box, einen Karton, eine Reisetasche, einen Rollkoffer.

An der frischen Luft, wiederholt Paul und reibt sich an ihr. Umgreift ihre Taille, knöpft ihre Jeans auf und bugsiert sie ins Schlafzimmer. Ohne großes Vorspiel dringt er in sie ein. Schmerz durchzuckt sie. Sie schaut an die Decke, während er über ihr liegt, seine Hände auf ihren Hüften, und kraftvoll zu Werke geht. Seine Hände rutschen langsam weiter nach oben und auf einmal liegen sie auf ihrem Hals.

Liebst du mich?, fragt er und schaut ihr tief in die Augen, aber auf eine Weise, dass sie sofort anfängt zu frieren.

Ja, antwortet sie.

Er stößt härter zu. Sein Griff um ihren Hals schließt sich wie ein Schraubstock. Mit dem Daumen drückt er auf ihren Kehlkopf. Sie spürt eine Schwärze in sich aufsteigen.

Und warum willst du mich dann für dumm verkaufen?

Von Astrid nur ein Krächzen. Ihre Augen treten hervor.

Sch, sch, macht er. Nimmt eine Hand vom Hals, was für sie nicht viel ändert, denn seine Hände sind groß und kräftig. Mit der freien Hand gibt er ihr einen Klaps auf die Wange.

Was sagst du? Ich kann dich nicht hören. Wo fährst du denn mit deinem Rad hin? Einfach nur im Kreis?

Spa-zieren, bringt sie gerade noch so über ihre inzwischen rauhen Lippen.

Er ohrfeigt sie. Sie schmeckt Blut. Es schmeckt metallisch, nach Eisen.

Mach mir nichts vor, sagt Paul, ohne mit seinen Bewegungen aufzuhören. Denkst du etwa ich kann nicht riechen, dass du dich mit jemandem triffst?

Astrid bekommt keine Luft mehr. Die Schwärze vor ihren Augen wird schwärzer. Sie denkt, es ist zu spät. Sie hätte früher handeln sollen, hätte den Umzug früher abschließen müssen.

Jahrelang habe ich dir gesagt, du sollst dich mal bewegen, dich um deine Figur kümmern, und jetzt fängst du einfach so aus dem Blauen heraus an?

Er schlägt sie erneut, keucht dabei. Sein Kopf läuft rot an. Erneut drückt er mit seiner Hand ihren Hals zu. Sie bekommt nicht mehr mit, wie er laut aufstöhnt und sich von ihr rollt.

Am nächsten Tag geht Paul aus dem Haus, öffnet den Koffer-raum der schwarzen Limousine und legt ihr auseinanderge-schraubtes Fahrrad rein. Bevor er einsteigt, zwinkert er ihr zu. Astrid greift sich an den Hals. Sie kann kaum schlucken und in den Spiegel will sie nicht schauen. Sie macht es trotzdem. Denkt, sie sieht aus wie eine, die am Galgen hing. Also Rollkragenpull-over und Make Up. Aber so sehr sie sich auch schminkt, sie kann die Wunden nicht ganz überdecken.

Es muss langen. Sie ist froh, überhaupt noch am Leben zu sein. Die Schwärze war für kurze Zeit so allumfassend gewesen, ohne Aussicht auf Wiederkehr. Jetzt muss sie unbedingt den letzten Schritt machen, bevor noch etwas Schlimmeres passiert.

Astrid packt den Rest, es ist nur wenig. Draußen beginnt es zu regnen und der Herbstwind reißt die Blätter von den Bäumen. Sie schaut sich um, vergewissert sich, dass sie nichts vergessen hat. Dann schreibt sie ein paar Zeilen auf einen Zettel und legt ihn auf den Esstisch aus dunklem Eichenholz. Von der Garderobe nimmt sie einen Regenschirm und geht zur Tür. Sie bleibt stehen, die Hand an der Klinke. So steht sie eine ganze Weile und versucht sich zu erinnern an die schönen Momente, an Gelächter, an gegenseitige Umarmungen. Mit ein paar Schritten ist sie wieder in der Küche, greift nach dem Zettel, zerknüllt ihn und steckt ihn in ihre Manteltasche.

Sie geht davon, ohne sich umzuschauen. Der Regen prasselt auf den geöffneten Schirm. Die Luft riecht nach Erde und Asphalt.

Das ist Tag 1, denkt sie. Das ist der erste Tag.

Sie verlässt den Blauen See und geht zwischen Feldern entlang der Landstraße, überquert die Autobahnbrücke und bald ist sie nur noch eine Frau mit einem Schirm, die im Regen spazieren geht.

Auf der Adam-Opel-Straße kommt ihr ein stiernackiger Mann mit zwei altmodischen Koffern entgegen, jenen, die keine Rollen haben. Astrid nickt ihm zu. Weniger aus Höflichkeit, als aus einem unbestimmten Gefühl der Verbundenheit.

Hunger treibt sie in den McDonald's, wo sie sich etwas zu Essen bestellt und damit an einen Fensterplatz setzt. Draußen die Bushaltestelle, der Verkehr, die nasse Straße. Eine Ambulanz fährt mit Blaulicht auf die Kreuzung zu, biegt ab zum nahen Krankenhaus. Hinter dem Rettungswagen fallen dicke Tropfen auf den Asphalt, prallen ab, platzen auseinander. Astrid beobachtet lange die Menschen, die sich vor dem Regen unter das Dach der Bushaltestelle flüchten.

Hinter dem Krankenhaus geht sie am Freibad entlang, stößt auf die lange Haßlocher Straße. Nachdem sie die Bahngleise unterquert hat, treibt sie sich eine Weile in der Innenstadt herum, geht von Schaufenster zu Schaufenster, nimmt von Tabakwaren bis Kleidung alles in sich auf. Schließlich betritt sie einen der zahlreichen Billigläden und macht ein paar letzte Erledigungen. Als sie sich schließlich Richtung Tor 26 macht, ist es laut ihrer Armbanduhr 17:15 Uhr.

Unterwegs auf der Mainzer Straße macht sie eine weitere, kleine

Pause auf einer Bank unter einer Kastanie neben dem Opel Mausoleum. Sie sieht die Fabrikgebäude um sich herum und fühlt sich wie in einem anderen Land. Dabei ist sie gerade mal 5,5 Kilometer vom Blauen See entfernt.

Punkt 18 Uhr steht sie vor dem Gebäude. Es brennt noch Licht. Astrid wartet auf der anderen Straßenseite. Eine halbe Stunde später sieht sie Treber absperren, fröhlich pfeifend in sein Auto steigen und davonfahren.

Astrid betritt das Gebäude, fährt mit dem Aufzug in den zweiten Stock, geht über lange Betongänge zu Lager Nummer 202, öffnet die gelbe Metalltür und schließt sie sofort hinter sich. Es ist angenehm trocken, warm, besenrein. Ihr sacken die Knie weg und sie sinkt zu Boden. Sie weint, sie lacht, dann weint sie wieder. Schließlich packt sie ihre Einkäufe aus: Isomatte, Schlafsack, Kissen, Kerzen. Letztere zündet sie an und macht es sich mit einem Buch neben ihrer auf der Seite gestapelten Habe gemütlich. Sie liest den ersten Satz und schläft sofort ein.

Als sie wieder aufwacht, ist die Kerze halb runtergebrannt. Sie will sie auspusten, denkt, sie hört Geräusche. Lauscht. Nur eine Lagerhalle, deren Knochen in der Oktoberkälte knacken.

Ein paar Tage liest sie abends immer den gleichen ersten Satz und schläft ein. Sie schläft tief und fest bis zum nächsten Morgen, und geht dann eine Stunde bevor Treber seinen Dienst an der Rezeption aufnimmt, aus der Halle und streift durch die Stadt, wobei sie versucht, die Hauptstraßen zu vermeiden. Einkäufe bezahlt sie mit Bargeld, das sie zu Beginn abgehoben hat.

In der Bücherei liest sie über andere Städte, andere Länder. Bald würde sie sich um Arbeit kümmern müssen, aber noch genießt sie diese Erholphase, wie sie beschlossen hat, diese Zeit zu nennen. Die Wunden an ihrem Hals und die im Gesicht verheilen. Sie lackiert sich Fuß- und Fingernägel mit liebevollen, langsamen Pinselstrichen, genießt das Dahinfließen der Stunden. Sie lebt sparsam. Isst Sardinen aus der Dose, Brot, Schokolade, trinkt

Leitungswasser. Gelegentlich knallt eine Tür im Lager und lässt sie aufschrecken. Dann sagt sie sich, das ist ein Lager, das ist mein Lager. Hier ist meine Tür und sie ist verschlossen.

Eines Morgens läuft Astrid Herrn Treber in die Arme.
Frau Wert! Frisch sehen Sie aus. Als wären Sie gerade aus dem Urlaub gekommen!
Danke, sagt Astrid. Sehr freundlich von Ihnen.
Was führt Sie heute her?
Will nur was abholen.
Schön, schön. Sind Sie denn soweit zufrieden mit unseren Diensten? Sie wissen ja, da lege ich viel Wert drauf. Die Kunden gehen mir über alles.
Ja, antwortet Astrid. Ich bin sehr zufrieden. Alles ist so sauber und trocken.
Was für ein schönes Lächeln Sie haben. Wissen Sie, das ist ganz wichtig mit der Trockenheit, sonst kommt ganz schnell der Schimmel.
Sie verabschiedet sich und Treber tippt sich an den Hut, den er nicht aufhat. Astrid geht runter zum Main und spaziert den Hochwasserdamm entlang. Sie will Pläne schmieden. Sie fühlt sich stark genug. Die Luft ist kalt, aber frisch und auf der anderen Fluss-Seite sehen die Ölreservoirs aus wie Relikte einer untergegangenen Welt.
Neben dem Restaurant Mainlust steht ein Fachwerkhaus, das ihre Aufmerksamkeit erregt. Laut einer Messingtafel übernachtete Mozart einmal hier. Vielleicht, denkt sie, vielleicht würde man ja eines Tages das gleiche über ihren Aufenthalt im Lager verkünden. Sie kichert bei diesem Gedanken und erschreckt über das fast schon unbekannte Geräusch. Gott, denkt sie, wie lange habe ich nicht mehr gekichert.
Auf der Höhe des Stadtparks findet sie einen Vogel, der benommen auf dem Boden umhertapst. Vielleicht ist er gegen eine Mauer geflogen. Astrid streichelt ihn, er lässt es zu. Astrid will bei ihm bleiben, bis er wieder wegfliegen kann. Sie wartet vergeblich.

Exakt zwei Wochen nachdem sie das Haus im Blauen See verlassen hat, sitzt sie abends bequem auf ihrer Isomatte, den Rücken an die Wand gelehnt, neben sich eine brennende Kerze, ein offenes Glas Erdnussbutter und der zugehörige Löffel im Mund. Sie liest jenes Buch, das sie zu Beginn immer zum Einschlafen gebracht hat, ist aber inzwischen über den ersten Satz – *Alle glücklichen Familien sind gleich, aber alle unglücklichen Familien sind unglücklich auf ihre eigene Weise* – weit hinaus und befindet sich auf Seite 999. In diesem behaglichen Moment hört sie ein Geräusch.

Astrid blickt von ihrem Buch auf und spitzt die Ohren.

Da ist es schon wieder.

Sie behält den Löffel im Mund wie eine Zigarette. Das Rauchen hat sie sich abgewöhnt, weil sie keine Lust hatte, ständig vor die Tür zu gehen.

Klingt wie Gläser, die aneinanderstoßen, denkt sie. Merkwürdig. Auf der anderen Seite, was ist daran schon merkwürdig? Schließlich ist das hier ein Lager und vielleicht verräumt jemand gerade etwas.

Sie widmet sich wieder ihrem Buch. Nach einer Weile hört sie Musik. Jemand singt. Astrid lutscht an dem Silberlöffel. Es ist eine schöne Stimme, eine schöne Melodie. Sie steht auf, zieht ihre Pantoffeln an und geht auf leisen Sohlen die Gänge entlang. Vorsichtig schaut sie um die Ecken, folgt der Musik.

Grab your coat and get your hat
Leave your worries on the doorstep

Durch das kalte Licht der Neonröhren kommt sie schließlich zur Quelle des immer lauter werdenden Tohuwabohus. Unter einer Türritze stichelt rotes Licht hervor. Das Vorhängeschloss am Griff der gelben Tür ist offen. Dahinter säuselt die Frauenstimme, eindeutig.

Life can be so sweet
On the other side of the street

Ist das nicht der Raum, den ihr Treber zuerst gezeigt hat? Astrid öffnet die Tür einen Spalt, dann noch einen. Sie muss mehrmals blinzeln. Eine lange Bar, Sitznischen aus Leder, eine Bühne. Eine Frau im roten Kleid liegt auf einem Klavier und singt in ein Mikrofon.

I used to walk in the shade with my blues on parade
But I'm not afraid, this rover's crossed over
Life can be so sweet
On the sunny side of the street

Während Astrid die seltsame Szenerie überblickt, fällt ihr der Löffel aus dem Mund und verursacht auf dem Boden einen ohrenbetäubenden Knall. Die Frau in Rot unterbricht ihren Gesang, die Musikerinnen ihr Spiel, die Frauen und Männer an der Bar ihre Getränke, die Bedienung bleibt mit ihrem Tablett im Raum stehen.

Alle Augen sind auf sie gerichtet.

Die Frau in Rot springt mit einer eleganten Bewegung vom Klavier und kommt auf Astrid zu. Na, säuselt sie, wen haben wir denn hier?

Ich wollte nicht stören, ich bin nur –

Wie lautet die Parole?

Parole? Entschuldigung, ich weiß nicht, ich habe ein Lager hier, ich –

Die Frau in Rot sieht den Löffel auf dem Boden, bückt sich und hebt ihn auf. Riecht daran.

Ich scherze nur, sagt sie. Ist das Erdnussbutter?

Astrid nickt verdutzt.

Fein oder grob?

Grob. Ich mag's, wenn es knuspert.

Die Frau nickt, schaut an Astrids Beinen runter. Die Pantoffeln sind aus schwarzem Filz, vorne drauf zwei Hasenohren. Alle anderen tragen glänzende Lackschuhe. Die Frau in Rot zuckt mit den Schultern und gibt Astrid einen mächtigen Stoß, so dass sie in die Mitte der Tanzfläche befördert wird. Dann führt sie das Mikrofon wieder an die Lippen. Die Musikerinnen nehmen ihr Spiel wieder auf, die Roulettekugel dreht sich erneut, an der Bar fließt der Alkohol und klappern die Gläser.

Astrid fliegt, stolpert, und landet direkt in den Armen eines hervorragend angezogenen Mannes. Er trägt einen schwarzen Hut und bevor sie ihn am Gesicht erkennt, erkennt sie ihn am Geruch. Herr Treber nimmt sie nahtlos auf, führt sie schwungvoll über den Tanzflur. Astrid weiß nicht, wohin mit dem Löffel.

Wollen Sie den in meine Tasche stecken, damit Sie die Hände frei haben?

Astrid schüttelt den Kopf. Sie benutzt den Löffel wieder als Zigarettenersatz. Ist froh darüber, denn die Kühle des Metalls sagt ihr, dass sie nicht verrückt ist. Treber wirbelt sie umher, während die Frau in Rot ein Lied nach dem anderen singt. Astrid fühlt sich, als würde sie in einem Schwimmbad auf dem Rücken im Wasser gleiten, die Augen in den Himmel gerichtet, so wie sie das damals als Kind gemacht hat, als die Sommer endlos waren.

Sie tanzt, sie spielt Roulette. An der Bar sagt die Barfrau, die Getränke gehen aufs Haus. Sie bestellt sich auf Empfehlung einen Mint Julep, nimmt einen Schluck, der Alkohol steigt ihr sofort zu Kopf – als ob das noch nötig wäre. Diese Stimmung. Die ganzen Komplimente. Die Musik. Georg Treber, der sie aus allen Ecken des Raumes anlächelt.

Sie merkt überhaupt nicht, wie die Zeit vergeht.

Am nächsten Abend findet sie am gleichen Ort die Tür verschlossen vor. Verdutzt schaut sie das schwere Vorhängeschloss an. Sie rüttelt an der Tür, lauscht. Nichts. Sie hat sich extra schick gemacht.

Doch alles nur ein Traum?

Aber woher dann die wunden Füße, der Kater, der Geruch von Parfüm und Zigarren?

Nachdenklich geht sie zurück zu ihren fünf Kubikmetern. Sagt sich, das ist mein Lager, das ist meine Tür. Hier ist meine Isomatte. Das ist eine Kerze, ich zünde sie an.

Früh begibt sie sich am Morgen auf die Straße, ist adrett angezogen, wartet mit einem Kaffee in der Hand und nimmt sich vor, nicht gleich mit der Tür ins Haus zu fallen. Sie will ja nur einen kleinen Hinweis haben, dass sie nicht verrückt geworden ist.

Treber ist pünktlich wie die Handwerker. Sie überlegt kurz, woher der Spruch kommt, denn sie hat im Leben noch keinen pünktlichen Handwerker erlebt.

Nachdem sie die Straße überquert und die Rezeption betreten hat, begrüßt Treber sie gut gelaunt, aufschauend von ein paar Unterlagen.

Was kann ich heute für Sie tun, Frau Wert?

Nun …

Ja?

Gestern Abend war ich ziemlich spät hier, ein paar Dinge einlagern, und dann habe ich, na ja. Herr Treber, kann es sein, dass hier nachts Partys gefeiert werden?

Die Türklingel geht. Treber hebt den Zeigefinger und kümmert sich erst um eine Kundin, die ein Lager mieten will. Astrid wartet. Denkt bald, das ist doch alles bescheuert. Ich sollte ihm einfach einen schönen Tag wünschen und mich für den guten Service bedanken. Eine halbe Stunde später ist sie immer noch da. Schließlich geht die Neukundin.

Also, wo waren wir stehen geblieben?

Ich habe mich gefragt, ob hier nachts –

Ah natürlich! Die Party! Wenn ich mich recht entsinne, haben wir ordentlich miteinander getanzt.

Astrid schaut ihn an, als würde er ungarisch reden.

Ja, findet sie ihre Stimme in der Tiefe ihrer Kehle wieder. Aber …

Aber was? Treber schaut sie vergnügt an.

Aber am nächsten Abend war da keine Feier, nicht die geringste Spur –

Ach so, Frau Wert, Sie meinen, es geht nicht mit rechten Dingen zu? Da haben Sie Recht.

Astrid schaut sich um, vergewissert sich, dass die vielen trockenen Hinweise auf hervorragende Dienstleistungen immer noch an den Wänden hängen. Sie fühlt sich nicht gut.

Aber das ist doch einfach nur ein Lager, sagt sie matt.

Treber nimmt die Brille ab, putzt sie mit einem Tuch und setzt sie wieder auf.

Ja und nein.

Was soll das denn heißen?

Mehr kann, mehr darf ich Ihnen leider nicht verraten. Sie müssen von selbst drauf kommen.

Einen Moment lang ist sie sprachlos, dann noch einen und noch einen. Sie stürmt aus dem Büro, läuft ein Stück in die kalte Luft hinein, dreht um, kommt wieder.

Das ist doch absolut unmöglich, sagt sie und ihr Satz bleibt unkommentiert unter der Decke der Rezeption hängen. Sekunden vergehen, Minuten.

Heißt das etwa? Sie traut sich nicht, den Gedanken ganz zu äußern, aber das braucht sie auch nicht, denn Treber nickt. Ihr fällt nichts Besseres ein, als zu sagen, sie möchte kündigen und hätte gerne ihre Kaution zurück.

Später ärgert sich Astrid über sich selbst. Packt in ihrem Lager ein paar Dinge in ihren Rucksack und verlässt über den Hinterausgang das Gebäude, damit sich Treber nicht über ihre Gutgläubigkeit totlachen kann. Männer sind doch alle gleich, denkt sie. Erst so dann so.

Also Kopf runternehmen, Kontaktmöglichkeiten beschränken. Nachts wird sie einfach liegen bleiben, ganz egal was für Geräusche sie hört. Und obendrauf vielleicht ein Schlafmittel. Astrid geht in die Apotheke am Marktplatz, muss aber feststellen, dass die Apothekerin sie ignoriert, egal wie laut sie wird. Astrid verlässt den Laden und will in die Bücherei, an den Main, irgendwo hin, doch ihre Schritte führen sie schnurstracks zum Lager zurück, wo sie später in der Nacht durch das Gebäude streift, fest entschlossen, einen Beweis zu finden. Sie zieht durch die besenreinen Gänge, vorbei an den gelben Türen. Wenn ein offenes Schloss am Griff hängt, schaut sie rein, sieht aber immer das, was sie nicht sehen will.

Er ohrfeigt sie mit der Vorhand, er ohrfeigt sie mit der Rückhand.

Astrid schlägt die Tür zu und rennt zur nächsten.

Mach mir nichts vor. Du triffst dich doch mit jemandem.

Astrid spürt, wie sich ihre Kehle zuschnürt. Sie will keine offenen Türen mehr sehen, sie hat genug gesehen, aber sie kann sich nicht dagegen wehren, ihre Füße finden den Weg und ihre Hände ebenso.

Er schlägt sie erneut, ohne mit den Bewegungen aufzuhören. Er keucht, sein Kopf läuft rot an, er zerdrückt mit seiner großen Hand ihren Hals, dann rollt er sich von ihr.

Ah, denkt Astrid, als sie da an der Tür steht. Ah, und nichts weiter. Sie spürt, wie aus ihrem Mund rotes Licht auf den Betonboden tropft. Die Tropfen verwandeln sich in einen Rinnsal, dann in einen Strom, der sie mit Wucht hinfort spült und erst am nächsten offenen Raum wieder frei gibt. Dort sieht Astrid sich, wie sie im Blauen See den Rest zusammenpackt, es ist nur wenig. Draußen beginnt es zu regnen. Sie schaut sich um, vergewissert sich, dass sie nichts vergessen hat. Von der Garderobe nimmt sie einen Regenschirm und geht zur Tür. Sie verlässt den Blauen See. Astrid will schreien, jetzt ist es zu spät, jetzt brauchst du nicht mehr aus dem Haus zu gehen, aber kein Laut kommt ihr über die Lippen. Ihr bleibt nichts übrig, als dabei zuzusehen, wie sie bald eine Frau ist, die mit einem Schirm im Regen spazieren geht, für immer.

Nina Brenke

Vergissmeinnicht

Wie jeden Sonntagnachmittag gegen halb drei ziehe ich das dünne Taschenbuch aus dem Regal und fahre mit den Fingern über das vergilbte Cover und den Kaffeerand, der wie ein Ring um den Kopf des kleinen Prinzen liegt.

Er stammt nicht von mir, aber ich weiß, dass es der 2. April 1994 war, als Oma ihn mir gezeigt hat – den Kaffeerand meine ich. Ich war damals übers Wochenende bei ihr und Opa, und weil ich immer viel früher als die beiden wach war, bin ich ins Wohnzimmer geschlichen und habe das Bücherregal durchstöbert. Oma hat mich eine halbe Stunde später in ihrem Ohrensessel gefunden, mich auf den Schoß genommen und mir erzählt, dass sie das Buch zwei Tage zuvor beim Besuch ihrer Freundinnen auf dem Beistelltisch liegen hatte. Und dass Opa seine Tasse nur ganz kurz dort abgestellt hatte, um sich ein bisschen Schlagsahne auf den Kuchen zu machen, ehe er die Damenrunde wieder allein lassen wollte. Er war untröstlich, als er die Tasse angehoben und den Rand gesehen hat. Und Oma war es auch.

An dem Mittag gab es Fischsuppe und Zitronenkuchen – Oma hat früher oft und gerne gebacken – und später bin ich mit Opa und dem Rad zum Rhein gefahren und habe dort Steine geflitscht. An dem Abend hat Oma mir *Den kleinen Prinzen* zum letzten Mal vorgelesen, bevor ich das Buch am Sonntag mit nach Hause nehmen durfte.

Mittlerweile sind ein paar Flecken und Falten hinzugekommen. Der Knick in der rechten oberen Ecke zum Beispiel ist vom 11. Mai 2003, da wäre ich beim Aufstehen fast über den Hund gestolpert, der es sich zu meinen Füßen bequem gemacht hatte. Ich hatte das Buch noch in der Hand, als ich zurück auf die Couch gefallen bin.

Der blaue Klecks auf dem Buchrücken ist vom 21. Dezember 2007, als ich am Schreibtisch neben meinem Bücherregal saß und den Stift geschüttelt habe, mit dem ich die Weihnachtskarten schreiben wollte. Die Tintenkleckse habe ich erst im neuen Jahr bemerkt, als sie längst getrocknet waren.

Der Riss unten mitten durch das *a* von *Verlag* ist vom 14. November 2010, als ich die Bücherstapel nach dem Staubwischen wieder ins Regal eingeräumt und dabei nur den Buchdeckel erwischt habe.

~*~

Ich war acht, als ich gemerkt habe, dass ich *anders* bin. Dass ich Dinge weiß, die andere nicht wissen. Dass es nicht normal ist, jedes winzige Detail seines Lebens abgespeichert zu haben. Und dass nicht jeder permanent diese Bilder in seinem Kopf hat, die den ganzen Tag wie in einem Film ablaufen. Immer und immer und immer wieder. Völlig willkürlich und ohne Kontrolle.

Genauer gesagt war das am 20. Januar 1992. Die Temperaturen lagen um den Gefrierpunkt, der Himmel war wolkenverhangen. Ich erinnere mich daran, was es zum Mittagessen gab – Fisch und Kartoffeln und Kohlrabigemüse. Das gab es nicht oft, weil Papa eigentlich keinen Kohlrabi mochte, aber manchmal eben doch. So auch am 25. November 1995 und am 26. Juli 1997. An dem Tag, dem 26. Juli, trug ich mein weißes Lieblingskleid, das mit den roten Blumen drauf, weil ich hübsch sein wollte für Sandras Abschied. Es war warm, fünfundzwanzig Grad schon morgens um kurz vor zehn, und die Sonne schien vom strahlendblauen Himmel. Wir haben bei uns in der Straße gestanden und dem schwarzen Opel Vectra ihres Vaters hinterher gewunken, bis er um die Ecke gebogen war. Mama hat mir die Hand auf die Schulter gelegt, weil ich so bitterlich geweint habe. Anschließend gab es eben Kohlrabigemüse zum Mittag. Später, um halb vier, als wir Kirschkuchen bei Oma im Garten gegessen haben, habe ich immer noch geweint.

Und auch jetzt, während Sandra und ich vor meinem geistigen Auge im Sommer '95 (genau genommen am 2. Juli, ein Sonntag und der drittheißeste Tag des Jahres) durch den Riedsee schwimmen, fühle ich, wie die Traurigkeit dieses denkwürdigen 26. Julis in mir hochkrabbelt. Wie sie sich in meinen Augen sammelt und über meine Wange ergießt, bis sie im Stoff meines T-Shirts ihr vorläufiges Ende findet.

Sandra. Liebe, gute, treue Sandra. Ich hatte nie wieder eine bessere Freundin als dich und frage mich oft, was aus dir geworden ist. Ob du Journalistin bist, wie du es vorhattest. Ob du verheiratet und ob du glücklich bist, wie du in unseren Briefbüchern immer geschrieben hast. Im Idealfall bist du beides.

Die Briefbücher habe ich alle noch. Zusammen mit den Fotoalben und Teddys und Poesiealben und Steinen und Zeitungen und allerlei Nippes lagern sie auf dem Dachboden.

~*~

Ich sammle mich, kratze mit dem Fingernagel über den Rand, den Opas Kaffeetasse auf dem Buchdeckel hinterlassen hat, und atme ein und aus.

Als ich mich umdrehe, sind Omas Augen geschlossen und bleiben es auch, als ich mich in den Ohrensessel ihr gegenübersetze. Er ist das Einzige, was sie aus dem riesigen Haus mit in ihr winziges Zimmer im Altenheim genommen hat. Das und das Hochzeitsbild von ihr und Opa, das auf ihrem Nachttisch steht und das sie immer ansieht und sich fragt, wer die Personen auf dem Bild wohl sind.

Noch ehe ich das Buch aufschlage, fange ich leise zu sprechen an. Omas Gesicht lasse ich dabei nicht aus den Augen.

„Als ich sechs war, sah ich einmal ein wunderbares Bild in einem Buch über den Dschungel, das *Wahre Geschichten* hieß. Auf dem Bild war eine Königsschlange, die gerade ein wildes Tier verschlingen wollte. Hier ist eine Kopie des Bildes."

Ich schlage die Seite auf und drehe das Buch um, aber Omas grüne Augen bleiben hinter ihren Lidern verborgen.

„In diesem Buch heißt es: *Boas verschlingen ihre Beute als Ganzes, ohne zu kauen. Danach können sie sich nicht mehr bewegen und schlafen sechs Monate zur Verdauung. Ich grübelte daher viel über die Ereignisse im Dschungel. Mit einem Farbstift gelang mir meine erste Zeichnung. Meine Zeichnung Numero 1. Sie sah so aus.*"

Ich halte ihr das Buch immer noch vor die Nase, obwohl sie keine Anstalten macht, hinzusehen. Und doch bilde ich mir ein, dass ein schmales Lächeln ihre Lippen umspielt. Ich schließe die Augen, rede weiter und weiter und weiter.

Und während ich das tue, während die Worte aus mir rausprudeln, schalte ich ab. Sehe die Bilder nicht mehr – oder zumindest beachte ich sie weniger. Sandra und ich im Riedsee verblassen langsam, machen Platz für die Boas und die Hüte und die Elefanten von Saint-Exupéry.

~*~

Lesen ist wie eine Sucht. Eine Flucht aus dem Gefängnis, das die Bilder meines Lebens, die tagein tagaus durch meinen Kopf fliegen, um mich herum bauen.

2319 Bücher sind es bis heute. Die meisten, nämlich 83, habe ich im Winter 2014 gelesen, als ich den Januar und Februar nach meiner Operation fast ausschließlich auf der Couch verbracht habe. 1739 stehen zuhause in meinem Bücherregal oder liegen in Kisten verpackt auf dem Dachboden. 2318 waren Biografien, Sachbücher, historische Romane oder Liebesgeschichten – mit Happy End. Nur eines hatte keins, und noch heute wache ich davon manchmal schluchzend auf.

Und nur eines – das erste – habe ich mehr als einmal gelesen. Saint-Exupérys *Der kleine Prinz*. Genau genommen hat Oma es mir beim ersten Mal vorgelesen, aber ich zähle es trotzdem als mein erstes Buch. Weil ich es – neben den fünf Malen, die sie es mir danach noch vorgelesen hat – 143-mal selbst gelesen habe. Einmal, als ich es mit sieben gerade gelernt hatte. Ein weiteres Mal am 11. Mai 2003, als ich die Ablenkung dringend nötig hatte. Und die anderen 141 Male habe ich es vorgelesen. Oder vielmehr rezitiert, denn lesen muss ich es schon lange nicht mehr.

~*~

Es ist die Hölle, dieses *Nicht-Vergessen.*
„Die Zeit heilt alle Wunden."
„Das Leben geht weiter."
„Schwamm drüber."
Ich weiß, was die Leute ausdrücken wollen, wenn sie diese Sätze sagen. Aber ich kann die Bedeutung nicht mal im Ansatz nachvollziehen, denn ich vergesse nicht. Nie.

Nicht das Ziehen in der Brust, als Opa am 4. Juli 1997 gestorben ist. Nicht die vor Aufregung kribbelnden Fußzehen an meinem ersten Schultag am 21. August 1990. Nicht den alles überlagernden Schmerz, als Frank mir in der fünften Klasse – am 14. April 1995 mittags um halb zwei auf der Busfahrt von der Schule nach Hause – das Herz gebrochen hat.

Deshalb kann ich mich von den Büchern genauso wenig trennen wie von den Teddys und den Steinen und den Postkarten. Alles ist irgendwie wichtig, wenn die Erinnerung daran nie verblasst.

Dabei sind es eher die kleinen Dinge, die mich verrückt machen. Die mich nachts um drei schweißgebadet aufwachen und nicht mehr einschlafen lassen. Das falsche Wort zur falschen Zeit. Eine unangebrachte Reaktion. Wütende oder gar enttäuschte Augen, die mich verfolgen und sich an mich klammern und in die Tiefe reißen.

Auch ohne Blick in den Kalender weiß ich, wie sehr eine beliebige Entscheidung von vor 15 Jahren mein Leben bis heute beeinflusst.

Und leider sind nicht alle Entscheidungen, die wir im Leben treffen, gut – ganz egal wie lange wir uns an sie erinnern.

~*~

Ich bin bei Kapitel 5 angekommen und mache eine kurze Pause, um etwas zu trinken, bevor ich Oma von den Affenbrotbäumen erzähle, da öffnet sie die Augen und sieht sich in ihrem Zimmer um, als würde sie das in diesem Moment zum allerersten Mal tun.

„Hey", sage ich leise, als sie an meinem Gesicht hängenbleibt. Ich zwinge mir ein Lächeln auf, doch es verstirbt schnell, weil ihre Reaktion fehlt. Oma sieht mich an und wieder nicht. Ich bin da, und doch kann ihr Geist nichts mit dem Bild anfangen. Mit *mir*.

„Das ist eine schöne Geschichte", höre ich sie irgendwann sagen und nicke.

„Das ist sie."

„Haben Sie das geschrieben?"

„Nein, das ist von Antoine de Saint-Exupéry", erkläre ich, wie fast jeden Sonntag.

„Ist das ihr Freund?"

Ich lächle. „Sowas in der Art."

„Sie können ihn beim nächsten Mal gern mitbringen", schlägt sie vor, wie sie das schon ein paar Mal getan hat. „Dann kann er mir vielleicht mal aus seinem eigenen Buch vorlesen."

Ich rücke ans Ende der Sitzfläche, greife nach Omas Hand, die auf der Stuhllehne liegt, und halte sie fest umschlossen. Lächle tapfer weiter, so lang, bis sie es endlich erwidert.

Ach Oma.

Es war der 27. Oktober 2019, als du mich das letzte Mal mit Namen angesprochen hast. Als du mich das letzte Mal angesehen und mich gesehen hast. Dein Goldstück.

Aber es ist mein Stück vom Himmel, dass ich deinen Gesichtsausdruck dabei niemals vergessen muss. Genau wie all die anderen Erinnerungen und Momente, die in meinem Herzen und in meinem

Kopf eingeschlossen sind und dort überdauern werden. Wie der Duft deines Parfums, das wir dir von 1996 bis 2001 zum Geburtstag geschenkt haben – außer 1998, als du sechzig geworden bist und dir den Zeppelinrundflug gewünscht hast. Oder die Intensität deiner Umarmung, als du mich am 13. Juli 1990 (ein Freitag) auf dem Spielplatz aus den Augen verloren und erst eine viertel Stunde später beim Tiergehege wiedergefunden hast. Der Geschmack deines Kartoffelsalats und des berühmten Oma-Kuchens, den es früher zu jeder sich bietenden Gelegenheit gab. Beides hast du seit Jahren nicht gemacht, weil dir die Kraft in den Händen fehlt und die Rezepte längst der Demenz zum Opfer gefallen sind, und trotzdem schmecke ich noch die Himbeersahne auf meiner Zunge.

„Das mache ich, Oma", sage ich schließlich heiser und tätschle ihre Hand. „Das mache ich."

Ach Oma.

Du fehlst mir.

Zur Autorin: Nina Brenke (38)

Wo sind Sie geboren und/oder aufgewachsen?	Geboren in Mainz, aufgewachsen in Bischofsheim, seit 2009 in Groß-Gerau lebend.
Was beschäftigt Sie außer der Literatur – z. B. beruflich?	Meine großen Leidenschaften: Irland, Musik und das geschriebene Wort, am liebsten alles drei in Kombination.
Was ist das Besondere an den Texten, die Sie schreiben?	Es steckt meist mehr von mir drin, als mir lieb ist.
Ein kurzes Statement: In unsicheren Zeiten können Bücher …	Trost spenden und Zuflucht bieten.
Welches Buch hat Sie zuletzt begeistert?	„Where the Crawdads Sing" von Delia Owens.

Nina Brenke zählte in Stockstadt auch 2022 zu den Preisträgern.

Tamara Krappmann

Ohne dich

Ein Stück Kreide und ein Stein, mehr ist nicht nötig. Die Kinder meckern erst ein wenig, der Große verdreht auch die Augen. „Wir sind keine Babys mehr!", protestiert er. Dann machen sie aber doch mit. Malen Kästchen auf die Straße, schreiben Zahlen, werfen den Stein und hüpfen, hüpfen, hüpfen. Bald sind ihre Köpfe rot, bald lachen sie. Ich lache auch, hüpfe sogar mit, weil die Kinder darauf bestehen. Wer zusieht, könnte das albern finden. Vor allem jedoch geben wir ein Bild der Freude ab: Eine glückliche, spielende Familie. Nur du fehlst.

„Ich liebe dich", sagtest du. Du sagtest es zuerst, und so unerwartet, dass ich gar nicht wusste, wie ich dir antworten sollte. Mein Herz schlug schneller, mein Blut rauschte, die drei Worte ergaben ein schönes Gefühl, dem ich keinen Namen geben konnte. Aber sie forderten auch. Eine Erwiderung forderten sie. Und ich? Liebte ich dich?

Ich schaute dich an, und dann den Moorsee. Überall waren hier Seen, vom Grundwasser hochgedrückt. Baggerseen zumeist, verlassener Kiesabbau. Aber das sah man ihnen nicht mehr an. Idyllisch waren sie, Blesshühner paddelten herum und Enten und Gänse und jede Menge andere Vögel. Auf der Oberfläche hockten Wasserläufer, ganz nah am Ufer, ich konnte sie sehen. Und Mücken tanzten, das ganze erwartbare Naturpanorama. Libellen, so etwas.

Du liebtest mich.

Ich drehte den Kopf und schaute, weg vom See und hin zu dir. Deine Augen waren so klar wie der Himmel. Du lächeltest, obwohl ich dir weiterhin eine Antwort schuldete, lächeltest und sahst zufrieden aus. Da begriff ich: Ich war wohl glücklich.

Wie jung wir an diesem Tag waren. Wie lang er zurückliegt. Zehn Jahre? Zwölf? Und wie leicht alles schien. Überall dieses selbstverständliche Glück.

Der Stein fliegt und fällt, auf die Fünf. Hüpf, hüpf, hüpf, meistens auf einem Bein. Ich balanciere mit den Armen, manchmal hektisch wie ein Propeller, sehr zum Vergnügen der Kinder. Manchmal auch elegant, für zwei oder drei herrliche Sprünge. Dann fühlt es sich an, als ob ich alles beherrsche: meinen Körper, mich. Das Spiel.

Immerzu fühlt es sich an, als balancierte ich auf einem Bein. Auch außerhalb des Spiels, im Leben. Wann hat das nur begonnen?

Du warst alles, was ich nicht war. Sportlich und zielstrebig, voller hochfliegender Träume. Ich träumte schon auch, hatte bereits geträumt, bevor aus dir und mir ein Wir wurde. Aber das, was ich träumte, hatte keinen Bezug zur Wirklichkeit. Nie hätte ich versucht, es umzusetzen. Doch dann kamst du und schrittest zur Tat.

Perfekt organisierte Urlaube: Du und ich, im Zug quer durch Italien. Erst zwei Nächte Venedig, danach Florenz, Siena, Rom, Neapel und weiter bis Palermo. Für jede Stadt hattest du eine Karte, für jeden Zug wusstest du, wann er fuhr.

Aus zwei Wohnungen eine machen: perfekt organisiert. Später: das Haus. Erst eines finden, das war schon eine Kunst. Du fandest dennoch eines, in einem hübschen kleinen Ort, draußen im Ried. Alt, doch mit Charme gealtert. Halbstündlich schlug gleich nebenan die Kirchturmglocke, die um vier Minuten nachging, aber das störte niemanden. Der Bus fuhr stündlich in die Stadt, die S-Bahn halbstündlich im Nachbarort. Wenn man sich auf ein Fahrrad setzte, konnte man in einer halben Stunde das Ufer des Rheins erreichen. So würden wir künftig leben.

Vorher kam eine reibungslose Kernsanierung, alle Gewerke Hand in Hand, alles in einem knappen Jahr erledigt. Und noch ein

Umzug. Nach einer Woche war jeder Karton ausgepackt, jeder Raum wohnlich.

Alles perfekt, nicht? Von außen. Dein Beruf, mein Beruf, jeder nahm ein paar Sprossen aufwärts. Und dann: die Kinder. Mehr Glück, von außen.

Aber von innen. Von innen doch auch?

Der Stein: Man muss ihn auf dem Rückweg aufheben. Und zwar noch immer balancierend auf einem Bein. Gar nicht so leicht. Wer ihn vergisst, oder wer wackelt und dann übertritt, der muss noch einmal hüpfen.

Die Kinder johlen schadenfroh. Ich grinse, mit meinem hitzeroten Kopf. Noch einmal hüpfen ist nicht schlimm. Etwas vergessen ist nicht schlimm. Übertreten ist nicht schlimm. Alles gehört zum großen Spaß dazu. Sinn des Spiels ist gar nicht der Sieg. Sinn ist der Spaß am Hüpfen. Der rote Kopf und das Wackeln und Herzklopfen. Das Sich-lebendig-fühlen. So sehe ich das.

Die Kinder sehen es natürlich anders. Man kann es anders sehen.

Beide hatten wir Ringe unter den Augen. Kleine Menschen machen großen Menschen Ringe unter die Augen. Man weiß es, und weiß es doch nicht, bis man es erlebt. Manchmal waren wir beide gereizt, manchmal schrien wir uns an, eigentlich nur deshalb, weil man ein Baby nicht anschreien kann. Und an irgendjemandem muss man die Wut ja auslassen: Wut über Erschöpfung und Hilflosigkeit.

Aber das gehörte dazu und ging vorüber und war leichter ertragbar, weil wir es teilten. Nach dem Streit, nachdem diese Gewitterspannung fort war, trösteten wir uns gegenseitig und machten uns einen schönen Abend, mit dir und mir und einer Flasche Weißwein und der Einsicht, dass wir es eigentlich gut hatten. Wir fühlten uns geborgen beieinander.

Ich fühlte mich geborgen bei dir.

Du fühltest dich bei mir geborgen – dachte ich. Von außen sah es so aus.

Warum das Spiel nur so heißt: Himmel und Hölle? Schwer zu sagen. Vielleicht bedeutet das nichts. Es trägt ja auch andere Namen. Hüppekästchen, Hasenhoppeln, Paradiesspiel, Reise zum Mond. Hopscotch.
Himmel und Hölle: Vielleicht bedeutet das gar nichts. Nur, dass es mir so bedeutungsvoll vorkommt.

Du sagtest: „Ich brauche eine Pause." Ich sah dich an, sah kranke Blässe, sah Augen, die keinen Himmel mehr spiegelten. Und nickte. Packte sonntags die Kinder ein, Besuch im Tierpark und im Eiscafé. Blieb stundenlang fort, so lang wie nur möglich. Kam heim am Abend mit surrendem Kopf und müden Armen und Beinen, aber schön war es schon gewesen. Und auch du sahst ein wenig besser aus.

Doch nicht für lange.

Du sagtest: „Ich brauche eine Pause." Du sagtest: „Ich werde nicht fertig mit meinen Sachen." Ich packte die Kinder ein an den Sonntagen, wir blieben fort, immer fort, draußen oder drinnen oder auf Besuch, alles schön, ja, schon, aber eben immer. Immer fort. Abends kamen wir müde zurück, die Kinder müde, ich müde, du manchmal auch noch müde, manchmal auch mit etwas Farbe. Und warst mit etwas fertig geworden. „Aber ich brauche nun doch bald Zeit für mich."

Ich packte die Kinder ein an Wochenenden, Samstag, Sonntag. Mit den Kindern zum Einkauf, mit den Kindern zu Besuch, was an sich schön war, aber auch mühsam, weil wir nicht des Besuchs wegen kamen. Sondern nur, um aus dem Weg zu sein. Ich hatte Kopfschmerzen davon: vom Lügen, warum wir da waren. Vom Lügen, warum du nicht da warst, nie dabei, auch dieses Mal nicht. Hatte Kopfschmerzen von der Anspannung, der Furcht, dass jemand es merken würde. Die Gastgeber, zum Beispiel. Oder, schlimmer, die Kinder.

Du sagtest: „Ich brauche eine Pause."

„ICH brauche eine Pause", sagte ich fest. Um nicht zu schreien, musste ich mich beherrschen. In mir war gar kein Mitgefühl mehr, nur noch Wut. Wut, weil die wenigstens noch Kraft gab. Ohne die Wut hätte ich weinen müssen. „ICH", wiederholte ich, den Kiefer angespannt. „Ich brauche. Eine Pause."

Du drehtest den Kopf, schautest mich an, die Augen so müde und leer. Pausen, begriff ich, waren nicht, was du brauchtest. Denn all die Pausen hatten nichts verändert. Du hattest sie gar nicht benutzt, hattest sie nicht benutzen können. Ich brauchte dringend eine Pause, aber du –

„Das hat doch alles keinen Sinn", sagtest du sanft.

Der Stein. Ein beliebiger Stein, nur die Größe muss passen. Man muss den Stein gut werfen können, auf das nächsthöhere Feld. Erst werfen, dann hüpfen.

Steine sind gute Spielzeuge. Es gibt sie überall, klein, groß, glatt, rau. Der richtige Stein für jedes Spiel. Und kostenlos sind sie. Manche sind sogar hübsch, mit ihren Quarzadern. Unser Spielstein für Himmel und Hölle ist es aber nicht. Die hübschen Steine haben sich die Kinder eilig in ihre Taschen gestopft, jedes eifersüchtig bemüht, sich den allerbesten zu sichern. Gott sei Dank sind sie unterschiedlicher Meinung, welches der allerbeste ist. Der Spielstein ist es jedenfalls nicht. Er erfüllt keinerlei ästhetische Kriterien. Man kann ihn einfach nur gut werfen. Ein hässlicher, nützlicher Stein.

Vielleicht ist das auch symbolisch. Es kommt mir so vor, ohne dass ich den Sinn erkennen könnte. Wahrscheinlich gibt es keinen. Wahrscheinlich bin ich nur albern.

Man kann dir nicht vorwerfen, dass du es nicht versucht hättest. Niemand könnte dir das vorwerfen. Du hast es versucht, hattest den Antrieb dazu, in deiner strukturierten, perfektionistischen Art. Die Therapeutin hatte ihre Praxis sogar vor Ort, am Rand des Dorfes, was mich einigermaßen überraschte. Eine Weile gingst du zu ihr, vielleicht für ein Vierteljahr.

„Wie ist sie?", fragte ich.

Du zucktest mit den Schultern. „Nett.“ Überlegtest kurz und ergänztest dann: „Phlegmatisch.“

„Phlegmatisch?“

„Naja. Ruht in sich.“

Ich nickte. *In sich ruhend* klang sinnvoll für eine Psychotherapeutin. „Und was sagt sie? Also“, fügte ich rasch hinzu, „wenn du es mir erzählen möchtest.“

„Sie legt mir einen Wechsel der Perspektive nahe. Dass ich herausfinden soll, was mir wichtig ist, und den Rest hintanstellen. Dass ich hinnehmen soll, was unvermeidbar ist. Dass ich …“ Für den nächsten Satz musstest du überlegen. „Dass ich auch lernen soll, in mir zu ruhen.“

„Dass du auch phlegmatisch werden sollst“, übersetzte ich, was du dachtest, aber nicht hattest sagen wollen.

„Ja.“

Ich überlegte, was das hieß. In welche Worte diese Petra Sand die Bedeutung, die du verstanden hattest, ursprünglich gekleidet haben mochte. Wahrscheinlich hatte sie dir geraten, deinen Perfektionismus abzukühlen. Den Leistungsdruck, den du dir selbst erzeugtest, um eine Spur zu mindern. Die Latten, die du für dich extrahochgelegt hattest, ein Stück weit abzusenken. Damit du mit dem Menschenmöglichen zufrieden werden könntest. In etwa.

„Das hilft mir alles nicht“, sagtest du. „Sie hilft mir nicht.“

„Warum?“, fragte ich. Nur dieses Wort. Ich wollte nicht drängeln. Musste ich auch nicht. „Weil …“ Du zogst deine Brauen zusammen, Gewitterwolken über meinem Moorseehimmel. „Weil ich eben nicht phlegmatisch bin. Sie will, dass ich mich verändere. Ein anderer Mensch werde.“

„Ein glücklicherer Mensch“, sagte ich leise. Vielleicht zu leise für dich. Vielleicht mit Absicht.

„Ich will aber kein anderer Mensch werden“, erklärtest du. „Ich meine, ich habe doch nichts falsch gemacht? Das alles hier –“, du zeigest um dich, meintest das Haus, die Kinder, mich, dein Leben, „das ist doch nicht falsch? Nur, es ist so … es ist ein Trott geworden.

Immer das Gleiche, alles Einerlei. Immerzu nur ..." Wieder die Handbewegung. Immerzu nur das Haus, die Kinder. Ich.

Du wusstest nicht, wie kalt mir wurde.

„Dann mach etwas anders", sagte ich rasch. „Tritt bei der Arbeit kürzer. Mein Gehalt reicht auch. Such dir etwas Anderes. Etwas, das dich erfüllt."

„Es ist eindeutig nicht die Arbeit!", sagtest du fest, und die Kälte nahm zu. Denn wenn es die Arbeit eindeutig nicht war und auch du selbst nicht. Dann blieb ich. Die Kinder und ich. Das Wir.

So hattest du das nicht gemeint. Ich wusste ganz genau, dass du das nicht gemeint hattest, und dass es unfair wäre, nun darauf herumzureiten. Du warst ganz ahnungslos in dieser Sache. Aber du hattest es gesagt.

Die Kälte ballte sich zu einem Klumpen, und dieser Klumpen war Wut. Wut, um nicht auch noch weinen zu müssen. Wut, weil sie Kraft gab, statt sie mir zu nehmen. Wir konnten nicht beide kraftlos sein.

Heimlich ballte ich beide Hände zur Faust.

„Ich könnte wieder laufen", schlugst du vor. „Sport? Um auch mal rauszukommen?"

„Eine gute Idee", sagte ich bemüht neutral. Es schien dir nicht aufzufallen.

„Natürlich brauche ich dann Zeit fürs Training", sagtest du.

Ich nickte zustimmend, während sich meine Fingernägel in meine Daumenballen gruben.

Wir haben unser Spiel mit grüner Straßenkreide gemalt. Die Farbe ist ein Zufall, das erste Stück, das wir gefunden haben. Der Große, der schon in die Schule geht, hat die Ziffern in ihre Felder geschrieben, sehr sorgfältig und beinahe ordentlich. Nun scheint er sich verantwortlich zu fühlen, denn jedes Mal, wenn eine Zahl verwischt, weil wir mit unseren Sohlen darüber schleifen, läuft er hin und malt sie nach. Er ist wie du: Perfektionist.

Aber er lacht dabei.

Das Laufen, es half ein wenig. Zumindest für eine Weile. Natürlich nahmst du es schrecklich ernst, natürlich wurde bald ein Wettbewerb daraus. Du liefst einen Halbmarathon mit und warst im besten Zehntel. Die Kinder und ich standen klatschend am Ziel, nachdem wir uns zwei Stunden lang gelangweilt hatten, wenngleich die Kinder etwas weniger, weil es dort eine Hüpfburg gab. Nachher bekamst du eine Urkunde, alle bekamen Pommes Rot-Weiß, und du einen Termin beim Orthopäden, weil nun dein Knie kaputt war.

„Kein Wettkampf mehr", sagtest du düster.

„Du kannst doch aber immer noch laufen", versuchte ich dich aufzumuntern. „Nur eben kürzere Strecken. Und vielleicht langsamer."

Da schautest du mich an. Wie etwas Ungeheuerliches.

Ich legte eine Hand auf deine Hand. Etwas Besseres fiel mir nicht ein.

„Ich werde alt", sagtest du emotionslos.

„Werden wir doch alle", erwiderte ich. „Schau mal, meine Falten. Und da: graue Haare. Gleich hier vorne."

„Es geht nur noch ums Durchhalten", sagtest du, als hätte ich nicht gesprochen. Als hättest du mich nicht reden gehört. „Alles zerfällt. Entropie."

Ich schaute dich groß an, sah kranke Blässe, sah Augen, die nichts mehr spiegelten. Und fühlte Angst aufsteigen. Angst, die viel schlimmer war als Wut, weil sie mir keine Kraft gab. Angst, die mich lähmte.

„Was werde ich hinterlassen?", fragtest du brüchig.

Ich schluckte.

„Sag nicht: die Kinder", sprachst du weiter. „Das ist nur Biologie. Gene. Das ist keine Hinterlassenschaft. Das zählt nicht."

„Erinnerungen. Gute Erinnerungen. An dich."

„Und wie lange halten die?", fragtest du, beinahe boshaft.

„Was willst du hinterlassen?", fragte ich tonlos.

Das ließ dich zögern. Dein Blick, der gar nichts mehr spiegelte, war nun nach innen gerichtet. „Etwas, woran man sich erinnert", sagtest du langsam. „Etwas Bedeutendes."

„Wie was?"

„Wie … Einstein. Oder Galilei. Aristoteles."

„Das sind nur aufgezählte Namen", widersprach ich. Meine Hand lag angstlahm auf deiner. All das gefiel mir nicht. Ich wollte das nicht hören.

„Das sind Männer, die die Welt verändert haben", sagtest du fest. „Ihre Ideen leben weiter!" Natürlich glühte in diesem Moment nicht wirklich ein Inferno in deinen Augen. Deine Augen taten gar nichts, waren leer und wenig glasig. Doch in deiner Stimme hörte ich das Knistern der Flammen.

Ich schnaufte und sagte gar nichts. Denn was ich zu sagen gehabt hätte, war: Welche deiner Ideen soll die Welt verändern? Wirklich die ganze Welt? Wie wahrscheinlich ist, dass du das schaffst? Willst du es nicht eine Nummer kleiner versuchen? Hier, mit den Kindern, mit mir? Genügt das nicht?

Das alles wollte ich nicht sagen, weil ich die Antwort ahnte. Auf keinen Fall wollte ich sie hören.

Also schwiegen wir eine Weile, meine Hand lahm über deiner, die ihrerseits einfach nur dalag. Früher hatten wir manchmal Händchen gehalten. Früher war Teil eines anderen Lebens.

Ich atmete, langsam, gegen die Angst. Gegen die Taubheit in meinen Gliedern. Der Moment war nicht überwältigend, er drohte nicht, uns zu begraben. Er war einfach nur scheußlich, wie ein schlechter Geschmack im Mund. Aber es musste etwas geben, das ihn besser machte. Irgendein Mittel, ein Wort.

Drei Worte. Ich dachte an dich und mich, damals am schönen Moorsee, ganz kurz, bevor wir ein Wir wurden. An den Tag, als du die drei Worte sagtest, und ich gar keine Antwort wusste, doch das brachte dich nicht aus dem Tritt. Du ruhtest in dir und lächeltest froh, und ich war überglücklich.

Ich öffnete meinen Mund.

Aber dein Mund war schneller. „Ich weiß nicht, ob ich das ertragen kann", sagtest du. „Die Entropie. Dem Zerfall nichts entgegensetzen zu können. Einfach immer nur weiter nachzulassen. Was für ein Leben soll das sein?"

Meine Lippen schlossen sich wieder, ein dünn gepresster Strich.

„Vielleicht bringe ich mich vorher besser um", sagtest du beinahe im Plauderton.

Ich zog meine Hand weg. Nun wäre ein Moment für Angst gewesen, doch die war komplett verschwunden. Verdrängt von heißer, kochender Wut. Oder nein: Es war Zorn. Ich war urplötzlich kampfbereit, denn die Gerechtigkeit verlangte es.

Deine Worte hallten in meinem Kopf, ein stark verspätetes Echo. Vorhin hatte ich sie gehört und hingenommen. Nun erst verstand ich sie. Die Kinder zählten nicht. *Das ist nur Biologie.* Unsere Erinnerungen zählten nicht. Ich zählte nicht, wir zählten nicht. Unsere Leben, unsere Zukunft. Wir wären egal, du würdest uns wegwerfen. Wir waren dir unbedeutend.

„Wag es nicht, es im Haus zu tun!", zischte ich.

„Was?"

„Häng dich ja nicht im Keller auf!"

Plötzlich schautest du verwirrt. „Meinst du das jetzt ernst?"

„Natürlich!", brüllte ich. „Wie sollte ich danach noch runtergehen können?" Und nun strömten die Tränen, doch sie störten mich nicht mehr. Nun machten sie mich stärker.

„Das ist …", begannst du fassungslos. Doch du sagtest nicht, was das war.

Ich schaute dich hart an. Blinzelte dafür Tränen weg. Die drei Worte, wo waren sie hin? Sie schienen unendlich weit fort.

„Geh zu Frau Sand", sagte ich tonlos.

„Nein", widersprachst du. „Das bringt mir nichts."

„Du brauchst eine Therapie. Dringend."

„Ich bin nicht krank", sagtest du scharf und schienst das tatsächlich zu glauben.

„Du redest über Selbstmord", gab ich kühl zurück.

„Das ist meine Sache."

„Es beträfe mich wohl auch."
„Dann geh du doch hin", sagtest du bissig.

Alle verlieren, außer einem. So geht das Spiel. Nur einer gewinnt.
Der ist dann wohl im Himmel angelangt, während der Rest … nun.
Nur ein Spiel.
Es ist nur ein Spiel, und wir ärgern uns nicht. Auch, wenn nun
Kinderunterlippen zittern und garstige Worte auf Zungen bereit-
liegen. Doch ich weiß: Alles wird gut ausgehen. Denn im Gegensatz
zu den schnaufenden Kindern, deren Köpfe noch rot vom Hüpfen
sind, kann ich sehen, wie der Eiswagen um die Straßenecke biegt.
Gleich, gleich sehen sie es auch. Und dann heißt es: Himmel für alle.
Ich lächle. Glück kann so einfach sein. Warum kann es so einfach
sein? Für uns? Aber für dich nicht?

Ich hatte von meiner Erschöpfung erzählt, der Müdigkeit, die
nicht mehr wegging. Ich hatte von meiner Wut erzählt. Von meiner Angst und deiner Drohung. Und während ich all das erzählte,
hatte ich die Wand hinter Petra Sand betrachtet.

An der Wand hing eine Karte des Rieds, von Hand mit Tusche
gezeichnet. Ich fand darauf leicht unser Dorf. Alles darauf schien
vertraut, aber etwas war auch furchtbar falsch. Nur kam ich nicht
darauf, was es war. Was natürlich daran lag, dass ich gleichzeitig
mein Herz ausschüttete und immer nur flüchtige Blicke über die
Karte streifen lassen konnte. Hätte ich Zeit gehabt, sie eingehend
zu mustern, dann hätte ich den Fehler bestimmt gefunden. So
störte er mich wie eine der Stechmücken, die in der Dämmerung
sirrten.

Offenbar fielen meine Seitenblicke auf, denn irgendwann drehte
Frau Sand sich um und betrachtete ebenfalls die Karte. Dann
drehte sie sich zurück und lächelte. „Es ist eine Rekonstruktion",
erklärte sie ungefragt. „Sie zeigt den Lauf des Neckars durchs
Ried. Wobei es zu der Zeit, als er dort floss, die uns bekannten
Orte noch nicht gab."

„Des Neckars?", fragte ich unsicher.

„Ja, schauen Sie. Hier ist er früher in den Rhein geflossen. Bei Trebur, fünfzig Kilometer nördlich der heutigen Mündung. Allerdings ist das schon ein paar Jahrhunderte her. Zwanzig, glaube ich. Meine Nachbarn wüssten das genauer, die wissen alles über den Fluss." Frau Sand lachte, als falle ihr ein Witz ein. „Im Satellitenbild kann man noch seine Schlingen erkennen."

„Ach", sagte ich, ein wenig dümmlich, auch, weil ich den Witz nicht verstand. Zugleich betrachtete ich neugierig die Karte, die dort zwei große Flüsse zeigte, wo es in Wirklichkeit nur einen gab.

„Genau das habe ich auch gesagt, als ich damals hergezogen bin", antwortete Frau Sand herzlich. Dann lachte sie erneut.

Und ich lachte mit. Wirklich und wahrhaftig: Ich lachte, was ich ewig nicht getan hatte, ganz, ohne es zu merken. Lachte über den Neckar. Es tat unheimlich gut. Ich holte Luft und seufzte.

Dann schwiegen wir beide ein wenig, doch es war ein angenehmes Schweigen. Frau Sand schien nachzudenken. Während ich ihr dabei zusah, konnte ich mir gut vorstellen, dass es das war, was du *phlegmatisch* nanntest: dieses stille, geduldige Denken. Doch mir gefiel es. Von ihrer Ruhe fühlte ich mich ruhiger werden. Für mich war diese Frau Sand perfekt.

„Eine Depression", sagte sie langsam. „Vielleicht kann ich das mit dem Fluss erklären." Dann lächelte sie wieder. „Ja, das müsste gehen."

„Mit dem Neckar?", fragte ich. „Weil er weg ist?"

„Nein", sagte sie und klopfte mit den Fingerknöcheln auf die Karte, ohne richtig hinzusehen. „Mit dem, der noch da ist. Mit dem Rhein."

Ich schaute groß. Was Frau Sand sagte, klang seltsam für mich. Doch wie sie es sagte, stimmte mich zuversichtlich. Sie würde dich mir mit dem Fluss erklären. Warum auch nicht?

„Der Rhein", begann sie, „ist ein produktiver Fluss. Geschäftig, begradigt. Man verlässt sich auf ihn. Aber manchmal – manchmal führt er Hochwasser. Deshalb wurde er eingedeicht. Sie kennen die Deiche?"

Ich nickte. Dahin hatten wir Ausflüge gemacht, die Kinder im Anhänger hinter dem Rad. Die Deiche wirkten friedlich und viel zu weit vom Fluss entfernt, als ob das Wasser jemals bis dorthin gelangen könnte. Doch natürlich war das eine Täuschung. Dort, wo sie standen, standen sie richtig.

Frau Sand legte die Fingerspitzen aneinander, acht Stück, nur die kleinen Finger nicht. „Meine Nachbarn, die sich hier so gut aus-kennen, sind bei der Wasserwacht", erzählte sie. „Einmal habe ich ihnen bei einer Übung zugesehen. Es war sehr spannend. Also, was tut man, wenn dem geschäftigen Rhein sein eigenes Wasser zu viel wird?"

Weil die Frage offensichtlich rhetorisch war, versuchte ich keine Antwort.

„Die Schifffahrt wird gestoppt, natürlich", erklärte Frau Sand ungerührt. „Und dann beobachtet man den Deich. Das ist die wichtigste Aufgabe. Den Deich beobachten und Sandsäcke füllen, falls man eingreifen muss. Die Sandsäcke sind da, um den Deich von außen zu stützen. Man legt sie nicht obendrauf, auch wenn man das im Fernsehen manchmal so sieht. Das ist aber Unsinn, sagen meine Nachbarn, und ich weiß, sie kennen sich aus. Wenn man die Säcke oben drauflegt, dann belastet das Gewicht einen schon angegriffenen Deich nur zusätzlich. Nein: Man stapelt sie außen an die Böschung, von ganz unten und dann aufeinan-der. Viel Arbeit ist das, sehr viel Arbeit. Aber besser als eine Flut, nicht?"

Ich nickte.

„Meistens", fuhr Frau Sand fort, „braucht der Deich diese groß-flächige Stütze aber gar nicht. Man muss nur kleine Schwachstel-len sichern. Wenn zum Beispiel ein Tier einen Bau in den Deich gegraben hat, dann kann das Wasser dort eindringen und den Deich unterspülen. Es frisst sich so eine Art Tunnel und sprudelt auf der anderen Seite heraus, wie eine kleine Quelle. Das muss man stoppen, weil sonst immer mehr Erde ausgewaschen wird, bis der Deich komplett nachgibt. Aber das Loch während des Hochwassers zu flicken ist unmöglich. Man bekommt es nicht dicht, der Druck von innen ist zu hoch. Also, was kann man da tun?"

Ich nagte an meiner Lippe. *Ja, was?*

„Wenn die Wasserwacht so eine Stelle findet", berichtete Frau Sand, „dann schichten sie Sandsäcke darum, immer im Kreis und immer höher. Das sieht ein bisschen aus wie ein Brunnen. Sie müssen die Säcke so hoch schichten, wie auf der anderen Seite das Wasser steht. Und wenn sie das geschafft haben, dann strömt kein neues Wasser nach. Der Druck des Wassers im Sandsackschacht hält das Hochwasser im Schach. So bleibt der Deich mit etwas Glück stabil, bis das Hochwasser abgeflossen ist. Und danach kann man dann reparieren."

„Sowas", kommentierte ich, weil ein Kommentar erwünscht schien.

Frau Sand nickte, bevor sie fortfuhr: „Aber nichts davon – kein Deich und kein Sandsack – verhindert völlig, dass das Wasser durchkommt. Bei Hochwasser, so wurde es mir erzählt, ist der Boden außerhalb des Deichs trotzdem klatschnass und durchgeweicht. Überall stehen Pfützen, vom hochgedrückten Grundwasser. Meine Nachbarn sagen immer, niemand kann Wasser aufhalten, kein Deich und ganz bestimmt kein Mensch. Man kann lediglich die Überflutung verhindern."

Nun galt es wohl, eine Analogie zu ziehen. Ich runzelte die Stirn vor Anstrengung.

„Sehen Sie", sagte Frau Sand, der offenbar bewusst war, dass ihr Sprachbild weiterer Erläuterung bedurfte: „Ob ein Hochwasser kommt, und wann es kommt, das können wir vorher nicht wissen. Und wir können es auch nicht verhindern. Es kommt einfach. Der Fluss kann nichts dafür. Er muss es aushalten. Wenn es da ist, muss man damit leben. Wir können uns vorher aber Schutzmechanismen schaffen, wie Deiche. Meistens halten sie. Trotzdem verhindern sie nicht, dass wir nasse Füße bekommen. Bei Hochwasser wird es matschig, und wer das nicht will, der muss weg vom Fluss. Aber sie lieben ihren Fluss ja, oder? Wer den Fluss will, der braucht eben Gummistiefel. Es hilft aber nicht, sich über den Matsch zu ärgern oder gar darüber zu beschweren. Er ist eben da. Irgendwann trocknet er wieder."

Ich nickte, weil das sinnvoll klang.

„Die Deiche", fuhr Frau Sand fort, „kann man aber nicht einfach bauen und dann sich selbst überlassen. Nachdem man sie errichtet hat, muss man sie auch pflegen. Und wenn der Ernstfall eintritt, dann muss man sie im Auge behalten. Dafür bin ich da. Ich bin die Wasserwacht, wenn Sie so wollen."

Ich nickte noch einmal.

„Ich kann helfen, dass alles stabil bleibt, bis das Hochwasser vorüber ist. Ich kann nicht verhindern, dass wieder eines kommt. Aber ich kann helfen, die Deiche zu pflegen."

„Aber wenn das nicht reicht?", fragte ich. „Wenn es trotzdem nicht gut geht?"

„Meistens geht es gut", sagte Frau Sand.

„Aber nicht immer."

„Nein. Nicht immer. Aber meistens."

Ich nickte zum dritten Mal. Das Bild vom Rhein funktionierte. Ich konnte es auch ganz alleine weiterdenken. Nach einem Deichbruch, was käme dann? Erst Entsetzen, dann Kummer, dann Aufräumen. Dann Weiterleben. So etwas war ja schon oft geschehen.

Was es nicht besser machte, oder einfacher. Aber begreifbar.

„Hören Sie", sagte Frau Sand und lehnte sich vorwärts, was eindringlich wirkte, obwohl die Bewegung sehr klein war. „Wenn Sie konkrete Gefahr sehen, dass Ihr Mann seine Ankündigung wahrmacht, dann können Sie den Notruf wählen. Sie müssen das nicht alleine aufhalten. Holen Sie sich Hilfe."

„Den Notruf?", fragte ich überrascht.

„Den ganz normalen Notruf, 112", bestätigte Frau Sand.

„Darf man das denn?"

„Um ein Leben zu retten? Natürlich. Dafür gibt es ihn ja."

„Und was machen die dann?"

„Was sie immer tun. Sie bringen Ihren Mann in eine passende Klinik, damit ihm dort geholfen wird."

Ich kniff meine Lippen zusammen. Per Notruf in die Psychiatrie … Etwas in mir sträubte sich gegen diesen Gedanken.

„Ist das nicht übergriffig?", fragte ich.

„Fänden Sie es bei einem Herzinfarkt übergriffig? Oder bei einem Schlaganfall?"

Ich schüttelte den Kopf. „Aber das sind Krankheiten. Körperliche Krankheiten."

„Ja", erwiderte Frau Sand. „Genau wie eine Depression. Ich weiß, viele Leute wollen das nicht glauben, aber es ist eine echte Krankheit. Oder ist die Psyche kein Teil des Körpers? Sie wird durch Hormone beeinflusst, und wir können sie mit Medikamenten behandeln, wenn das nötig sein sollte. Ist das nicht körperlich?"

Ich überlegte und nickte dann.

„Lebensgefahr ist Lebensgefahr", sagte Frau Sand freundlich. „Wenn der Deich einmal brechen sollte, dann rufen Sie sofort Hilfe."

Ich atmete lange und langsam aus.

„Besser wäre natürlich, wir halten diesen Deich stabil", fuhr Frau Sand fort. „Es wäre hilfreich, wenn Ihr Mann wieder zur Therapie käme. Bei mir, oder bei einem Kollegen, wenn er mit mir nicht zurechtkommt. Das ist völlig in Ordnung. Drängen Sie ihn nicht, aber sprechen Sie es ruhig immer wieder an. Das ist alles, was Sie tun können. Sie sind nur eine Beobachterin. Beobachten Sie den Wasserstand, beobachten Sie den Deich. Aber bringen Sie sich nicht in Gefahr. Hochwasser ist gefährlich. Depressionen sind es auch. Sie können ansteckend wirken. Wussten Sie das? Manchmal werden die engsten Angehörigen auch depressiv. Das liegt an der Überlastung. Das Wasser drückt auch auf Sie. Gehen Sie nicht zu nah heran. Sie müssen in Sicherheit bleiben. Niemand hat etwas davon, wenn Sie ertrinken. Auch der Fluss nicht. Am allerwenigsten der Fluss."

Ich nagte auf meiner Unterlippe. Nickte. Dachte an unsere Kinder. Die durften auch nicht zu nah heran. Obwohl sie den Fluss innig liebten. Unseren geschäftigen Rhein. Dich.

Die Kinder, die für dich an deinen schlechteren Tagen nicht zählten.

Ich schaute die seltsame Karte an, die halb real und halb fiktiv war. Schaute den schön geschlungenen Lauf des Flusses an, der sich schon vor Jahrhunderten ein anderes Bett gesucht hatte. „Und wenn er einfach so verschwindet?", fragte ich.

Frau Sand hob leicht die Schultern, nicht abwehrend, sondern überlegend. „Es ist schon geschehen und kann wieder geschehen. Aber seien wir ehrlich: Die Rhein ist nicht der Neckar. Der Name Neckar meint *der schnelle Fluss*. Er leitet sich von einem Wort ab, das *losstürmen* bedeutet. Rhein dagegen kommt vom Wort für *fließen*. Er ist viel zahmer als sein kleiner Bruder. Das war er schon immer. Und überhaupt sind die Flüsse heute nicht mehr so wie früher. In der Regel bleiben sie da, wo sie sind."

„Hm", machte ich unschlüssig, weil mir die Fluss-Analogie nun doch ein wenig überstrapaziert erschien.

Frau Sand bemerkte das wohl auch. Sie musterte mich und seufzte. Dann lehnte sie sich etwas weiter vor und legte ihre Hand auf meine.

„Sie sind nicht alleine", sagte sie warm.

Plötzlich hatte ich Wasser in den Augen.

Die Kinder liegen längst in ihren Betten, geduscht und für kurze Zeit sauber. Ich sitze am offenen Küchenfenster, ungeduscht und noch etwas verschwitzt. Müde. Aber die Müdigkeit ist in Ordnung, denn ich weiß, woher sie kommt. Ich bin nicht unglücklich. Ich mache nur eine Pause. Gleich werde ich auch duschen und dann ins Bett gehen, vielleicht kurz lesen, dann schlafen. Es wird ein bisschen zu wenig Schlaf sein, aber nicht so viel zu wenig, dass ich Probleme bekäme. Ich hüpfe mein Leben auf einem Bein, und es strengt mich an. Aber ich bin im Gleichgewicht.

Draußen hat sich der Himmel zugezogen. Durch die geschlossene Wolkendecke ist es schon ziemlich dunkel. Die Kreide des Himmel-und-Hölle-Spiels leuchtet merkwürdig in der Dämmerung. Wie diese fluoreszierenden Algen, dieses Meeresleuchten an südlichen Stränden. In Wirklichkeit habe ich das nie gesehen, kenne es nur von Fotos. Vielleicht sind das Montagen. Vielleicht gibt es gar kein leuchtendes Meer. Doch es gibt diese leuchtende Kreide. Ich schaue sie an, betrachte sie, höre mehr als ich sehe, wie erste, dicke Tropfen fallen. Die Luft riecht sofort nach Sommerregen, dieser verrückte Geruch. Ich atme tief. Das ist der ganze Sinn. Leben, atmen, weiterhüpfen. Wenn der Regen dieses Spiel fortwäscht, dann werden wir morgen eines neues malen. Rote Köpfe bekommen und schwitzen und lachen. Duftende Momente erleben. Einfach erleben.

Morgen könnte ich mit den Kindern zum Rhein fahren. Den langen Frachtschiffen zusehen, oder mit der Fähre übersetzen und drüben auf der Sandbank Steine sammeln. Auf dem Deich spazieren. Wieder Eis essen. Solche Dinge. Wir werden streiten und lachen und genervt sein. Wir werden Spaß haben miteinander, und nachher eine glückliche Erinnerung. Wir sind mit unserem Leben zufrieden.

Nur du fehlst eben.

Zur Autorin: Tamara Krappmann (40)

Wo sind Sie geboren und/oder aufgewachsen?

Geboren in Darmstadt, aufgewachsen in Pfungstadt-Eschollbrücken.

Was beschäftigt Sie außer der Literatur – z. B. beruflich?

Mehr Texte – ich bin Journalistin.

Was ist das Besondere an den Texten, die Sie schreiben?

Ich versuche immer, den Texten mindestens einen Dreh in eine unerwartete Richtung zu geben.

Ein kurzes Statement: In unsicheren Zeiten können Bücher …

Perspektiven öffnen und Richtungen zeigen, in denen es weitergehen könnte.

Welches Buch hat Sie zuletzt begeistert?

Das Gesamtwerk von Jane Austen.

Tamara Krappmann zählte in Stockstadt auch 2021 zu den Preisträgern.

Heidelinde Zimmer

Am Ende ihr Licht

Etwas Spitzes bohrt sich ins rechte Knie. Es tut weh. Sehr weh. Sie wagt nicht, das Knie anzuheben oder zu verschieben. Zu laut. Sie drückt das Knie fester gegen den Boden und beißt die Zähne zusammen. Der Schmerz ist stark. Hart. Dröhnend.

Sie kauert auf ihren Knien. Sie weiß nicht, wie lange schon. Den Holzboden unter sich spürt sie nicht mehr. Aufrichten geht nicht. Hebt sie den Kopf an, streifen ihre Haare grobe Stoffe. Sie lässt den Kopf unten. Schwer. Es riecht muffig. Streng.

Sie verlagert das Gewicht auf das rechte Bein. Stößt mit der Schulter an eine Wand. Es knarzt. Sie zuckt zurück. Es ist eng. Ihre Ellbogen klemmt sie in die Seiten. Sie drückt die Beine aneinander. Kneift die Pobacken zusammen. Sie will sich nicht mehr rühren. Knapp.

Die Tante schlug die Tür zu. Schob einen Riegel vor. Rumms. Rumms.

Sie rätselt, wo sie stecken mag. Zuhause macht Mama ein kleines Licht im Flur an, nachts, wenn alles dunkel ist. Sie erkennt nicht die Hände vor Augen. Schwarz. Hier durfte kein Licht mit rein. Leer.

Verhaltenes Klappern von Löffeln und Tellern dringt zu ihr durch. Die lauten Stimmen der Tanten. Das Abendessen, es muss das Abendessen sein, im Speiseraum. Dann kein Löffelklappern mehr. Das Schaben von Stühlen über glatten Boden. Gedämpfte Geräusche, als entschwinde der Speiseraum. Stück für Stück. Fort.

Plötzlich gellen ruppige Befehle der Tanten, gleich in der Nähe. Laut. Scharf. Wieder versteht sie die Worte nicht, hingegen den Ton. Sie fährt zusammen. Duckt sich.

Vor der Tür ein Rascheln, ein Trappeln vieler Füße. Ob das die Anderen sind? Sie lauscht angestrengt. Senkt die Stirn auf die Handflächen. Kann außer den durchdringenden Stimmen der Tanten keine anderen ausmachen. Das Getrappel verhallt. Zuletzt kein Laut mehr.

Sie hebt die Schultern, lässt die Hände in den Schoß sinken. Sie haben sie nicht geholt. Sie wollen ihn nicht, den kleinen Haufen Dreck. Niemand kommt zu ihr. Sie haben sie vergessen. Sie lassen sie hier.

Nie wieder kommt sie hier raus. Nie wieder nach Hause. Alles vorbei. Alles dahin.

Sie wurde fortgerissen, als sich Mama von ihr verabschiedete. Sie stolperte mit der Tante mit. Vor dem Treppenaufgang blickte sie verstohlen zurück. Mama stand da, lachte, winkte ihr hektisch zu. Schon stieg die Tante die Stufen nach oben, in der Hand den kleinen Koffer. Sie hastete ihr nach. Am Ende der Treppe bogen sie ab. Dann eine derbe Ohrfeige. Die erste ihres Lebens. Sie traute sich nicht, zu weinen.

Sie sind stärker. Stärker als Mama und Papa. Ihr ist nur der Teddy geblieben.

Ihr Teddy ist weich. Weich und lieb ist er. Heute morgen musste er im Schlafsaal bleiben. Unter der Bettdecke. Dort liegt er, ohne sich zu rühren, und wartet.

Wie sie, denkt sie. Sie hockt am Boden. Steif, wie ihr Teddy. So still wie ihr Teddy. Aber ganz sicher hat er es warm. Soll sie rufen? Nein, nein, sie muss still sein. Sie schiebt ihre Hand vor die Unterhose.

„Sei schön brav, dann haben sie dich gern", hatte Papa gesagt.

Dann ist sie nicht brav gewesen. Ein böses Kind. Sie begriff nicht, was die Tante schimpfte, als sie sie vom Tisch weg- und hinter sich herzerrte. Die Tanten hier sprechen anders, ganz anders, als sie es von zuhause kennt. Sie versteht fast gar nichts. Aber als die Tante mit ihr schimpfte, war ihr gleich klar, dass sie ein böses Kind war.

Sie weiß nur nicht, wieso. Sie zerbricht sich den Kopf darüber, was sie falsch gemacht hat. Was so schlimm war. Mehr Mühe, denkt sie, sie muss sich mehr Mühe geben. Viel mehr Mühe.

Zwischen ihren Beinen wird es warm. Warm und feucht. Nass läuft es ihre nackten Beine hinab, tropft auf ihre Kniestrümpfe. Es läuft einfach. Sie zieht die Hand von der Unterhose. Sie kann es nicht mehr halten. Sie ist erleichtert. Einen winzigen Augenblick lang.

Man wird sie ertappen. Die nassen Sachen entdecken. Und dann, was werden sie dann mit ihr machen? Sie fingert nach ihrem kurzen Rock, wischt mit dem Saum zwischen den Beinen. Es langt nicht. Ihre Strümpfe sind nass. Nass und kalt. Ihre Unterhose klamm. Neue Kleidung gibt es nicht. Die ist im großen Kleiderschrank im Keller. Hin und wieder teilen die Tanten frische Wäsche aus. Sie zittert.

Eilig drückt sie ihr Knie nach unten. Verzieht ihr Gesicht. Fest hält sie das Knie am Boden.

Papa wird enttäuscht sein. Er merkt alles. „Nicht auch das noch", seufzt er dann leise und schaut sie traurig an. Papa muss so viel arbeiten.

Am Wochenende vor der Kur hatte er sich Zeit genommen. „Für meine Große", hatte er zu ihr gesagt. Zusammen hatten sie einen Ausflug gemacht, Mama, Papa und sie. An die Mainspitze ging es. Auf der Wiese hatte Mama die alte Decke ausgebreitet. Sie hatten nebeneinander gelegen, Mama und sie, und Papa hatte sich dazugesetzt. Eine Weile hatte sie in den blauen Himmel über ihr geblinzelt. Dann hatte sie die Augen geschlossen und den summenden Bienen zugehört. Die Sonne hatte ihr warm ins Gesicht geschienen. Vor den Augen war alles rot gewesen, orangerot.

Dann hatte Mama Äpfel hervorgeholt, schon in Viertel geschnitten, ohne Stiel und ohne Kerne. Beim Abbeißen hatte es laut gekracht. Auf einmal hatte es gerumpelt, hinter ihnen, oben auf der Brücke. Ein Güterzug hatte sich über die Gleise gemüht. „Der fährt jetzt über den Rhein, nach Mainz und noch viel weiter", hatte

Papa erklärt. Dann hatte er laut zu zählen begonnen. Die Waggons. Mama und sie hatten sich schnell aufgerappelt und mitgemacht. So ein langer Güterzug, sie waren bis 63 gekommen. So weit waren sie in der Schule mit dem Zählen noch lange nicht. Es ist vorbei. Keine Mama, kein Papa. Kein Teddy. Nie wieder. Keine Zahlen. Keine Biene. Kein Orangerot. Alles zu Ende.

Es tropft auf ihren Handrücken. Hastig reibt sie mit der anderen Hand darüber. Dann schiebt sie sie eng am Körper entlang hoch bis zum Gesicht, wischt die Wangen trocken. Seltsam fremd fühlen sich ihre Finger auf der Haut an. Rasch lässt sie die Hand auf den Rock sinken.

Nein, sie ist keine Heulsuse. Eine Heulsuse wird von den Tanten in die Ecke gestellt. Die anderen Kinder stehen drum herum, zeigen mit dem Finger, johlen, lachen.

„Wie toll, dass der Doktor dich zur Kur schickt", hatte Mama sich gefreut und sie in den Arm genommen. „Du wirst viel Spaß mit den anderen Kindern haben. Und wir beide üben fleißig, deine Schuhe zu schnüren. Dann kannst du das ganz allein." Mama ist weit weg. Sie langt mit den Fingern an ihre Hausschuhe aus Filz. Sie weiß, die sind grau und haben keine Schnürsenkel. Sie ist schlecht. Deshalb gibt es hier keinen Spaß. Sie allein ist schuld. Drum.

Mama und Papa denken, dass es ihr gut geht, dass es ihr gut schmeckt, dass es hier schön ist. Weil sie selbst es ihnen geschrieben hat. Ihren ersten Brief, den falschen, zerriss die Tante und fragte, ob sie ihre Eltern denn traurig machen wollte. Ob ihre Eltern krank vor Sorge werden sollten. Die Tante stellte sich hinter sie und sagte ihr vor, was sie schreiben sollte. Zu langsam war sie gewesen. Damit es schneller ging, knuffte die Tante ihre Schultern. Mama und Papa müssen sich keine Sorgen machen. Sie dürfen das nie wissen. Sie muss viel besser aufpassen. Sich viel mehr anstrengen.

Sie presst das Knie auf den Boden. Nichts passiert. Das Piksige, das Spitze, sie hat es verloren. Tränen steigen ihr in die Augen.

Entschlossen kneift sie sich in den Oberschenkel. Ein anderer Schmerz. Der hilft auch. Mama ist stolz, wenn sie sich allein zu helfen weiß. Sie schluckt, kneift gleich noch einmal zu. Fester.

Neben ihrem linken Auge zeichnet sich ein heller Punkt ab. Ein schwacher Lichtschimmer in all dem grenzenlosen Schwarz. Langsam dreht sie ihren Kopf zur Seite. Ein Riss im Holz. Sie schiebt ihren Kopf näher heran. Ganz dicht presst sie Schläfe und Nasenspitze an die Tür, rückt das eine Auge direkt vor den Spalt. Ganz leise. Was, wenn jemand sie hörte?

Sie blickt auf eine graue, nein, eine braune Fläche. Ein wenig dämmriges Licht von der Seite trifft darauf. Sie starrt hinaus. Auf das Stückchen braune Fläche, auf den winzigen Ausschnitt, den der Riss freigibt. Es ist eine Wand. Eine braune Wand.

Und ihr geht auf, wo sich diese Wand befindet. Es muss der Flur sein. Im ersten Stock. Der Gang vom Treppenhaus zum Speiseraum. Deshalb hat sie das Löffelklappern hören können.

Morgens, mittags, abends läuft sie durch diesen Gang. Hin und zurück. Immer den Anderen nach. Sie schaut nur auf die Füße vor ihr. Nicht rechts, nicht links. Trödeln ist verboten. Irgendwo sind Tanten und passen auf.

Sie weiß, sie wird nicht mehr durch den Gang laufen. Sie gehört nicht mehr dazu. Raus.

Sie bleibt im Dunkeln. Allein. Bis zum Ende.

Es gibt ein Draußen. Ein Außen mit Licht, ein Außen mit Farbe. Wenn sie will, kann sie nach draußen gucken. Durch den Riss. Licht und Farbe sehen. Geräusche und Stimmen hören.

Sie will nicht. Sie will das Licht aus dem Flur nicht. Sie will den Gang nicht. Die Farbe der Wand ist ihr egal. Fertig. Ihr genügt es, nichts zu hören. Es still zu haben. Das tut nicht weh. Das verlässt sie nicht.

Sie zieht den Kopf zurück, schließt die Lider. Eine dichte schwarze Haut senkt sich auf sie herab. Umhüllt ihre Schultern. Wärmt ihre Beine. Legt sich auf ihren Kopf. Schwärzt ihre hellen Haare. Ihr Gesicht. Ihre Hände. Verbirgt sie. Ganz. Dunkel.

Vor ihren Augen wölbt sich ein schwarzes Rund. In dessen Mitte leuchtet ein winziger, ein weißer Punkt auf. Unablässig strahlt er und verströmt seinen weißen Schimmer. Ein Lichtkranz, der sich ausdehnt. Der sich vor die Dunkelheit schiebt.

Sie will nicht in die traurigen Augen von Mama und Papa sehen. Sie betrachtet den Lichtpunkt und seine helle Umgebung. Ein Stern, denkt sie, sie hat einen eigenen Stern in sich. Sie fühlt, wie sich sein Lichtschein in ihr ausbreitet. Sie spürt, dass sie nach außen zu leuchten beginnt. Durch die schwarze Haut hindurch. Weiß und hell.

Sie will niemanden mehr sehen. Keiner darf sie mehr finden.

Sie bleibt bei ihrem Licht. Wird es hüten. Sie ist so gut wie weg. Nicht mehr lange und sie ist weißes Licht.

Schritte vor der Tür.

Warum, denkt sie. Sie ist doch nicht mehr da.

Ein Rumpeln, ein Ruckeln am Riegel.

Nicht deren Licht. Muss im Dunkeln verschwinden. Bei ihrem Stern bleiben. Sein Licht löschen, bevor sie es tun. Aus.

War so nah dran.

Nicht weiter.

Nich–

Heidelinde Zimmer zählte in Stockstadt schon mehrmals zu den Preisträgern.

Gabriele Schättel

Höllensommer

Ob er auch diesmal kommen würde?

Mein Herz klopfte ein wenig schneller, wenn ich an ihn dachte, und das lag bestimmt nicht nur an den Temperaturen, die hier seit Tagen herrschten.

Außer mir war keine Menschenseele im Park. Selbst die Bäume spendeten kaum Schatten. Ein paar Krähen hüpften schlaff über den Rasen. Sie taten mir leid, mit ihren geöffneten Schnäbeln schnappten sie offenbar nach Luft. Hatte ich je schon so einen Sommer erlebt? Mit so einer Affenhitze?

Vielleicht war es ihm einfach zu heiß und mein Warten war umsonst?

Aber er kam ja immer, sein Weg führte vom Ortszentrum, wo er arbeitete, direkt durch den kleinen Park nachhause.

Er war schon dreimal dagewesen, einmal hatte er seine Boulekugeln dabei und auf unserer Bahn mit uns ein Spielchen gemacht. Meine Vereinsfreunde freuten sich über Zuwachs in der Boulegemeinde und hießen ihn herzlich willkommen.

Mir gefiel er auf Anhieb, obwohl er nicht unbedingt ein schöner Mann war; er war mittleren Alters, ein wenig untersetzt, und wenn man genau hinguckte, sah man einen kleinen Bauchansatz. Aber ich mochte sein blondes Wuschelhaar und die fröhlichen blauen Augen. Für einen Anfänger spielte er sehr geschickt.

Ich war mit ihm in der Siegermannschaft und beim Händeschütteln strahlte er mich an: „Du spielst richtig klasse!"

So was geht natürlich runter wie Öl, und beim intensiven Blick seiner blauen Augen fühlte ich mich kurz wie im Himmel. Ich ertappte mich dabei, dass ich nun bei unserem wöchentlichen Mittwochstraining heimlich auf ihn wartete.

Denn mit den Männern war das bei mir so eine Sache. Ich habe schon lang keine Beziehung mehr, damals mit Robert dauerte es auch nur ein Jahr. Ich bin 34, meist sage ich 29, ab dreißig klingt man schon ein bisschen alt. Keine Ahnung, warum das nicht klappt mit mir und den Männern. Ich war deswegen mal beim Psychologen, der sagte, ich müsse mich locker machen und mein Leben und mich selbst lieben, dann käme ein Partner schon von alleine. Ich liebe ja eigentlich mein Leben und mich selbst, finde mich zwar etwas zu kräftig aber doch auch hübsch, und blöd bin ich auf keinen Fall. Aber das nützt nichts. Meine Freundinnen sagen, ich solle die Männer vergessen und nur im Hier und Jetzt leben und schwups! stünde der Richtige von selbst vor der Tür. Aber da steht nichts außer meinem Schuhschränkchen und das seit Jahren. Kein Mann, nirgends. Vielleicht bin ich ja lesbisch? Das wäre mir nur recht, aber das müsste ich doch merken. Ich mag Frauen sehr gern, aber im Bauch kribbelt es nicht. Außer einmal, in meine Biologielehrerin in der Oberstufe war ich richtig ver- knallt. Ich wurde immer rot, wenn sie mich aufrief und einmal sagte sie: „Nina, sie geben immer so interessante Impulse!" Ich war tagelang glücklich. Das war's dann aber auch schon mit meiner Frauenliebe.

Ich hätte wirklich gerne mal wieder eine Beziehung, bitte dies- mal keine Eintagsfliege. – Der neue Bouler ging mir nicht aus dem Kopf, vielleicht klappte es ja mit dem? Ach, es wäre einfach zu schön.

Aber heute war es so heiß! Ich überlegte lange, was ich anziehen würde. Das Vereinstrikot war immer richtig und stand mir gut, aber der Stoff war aus dicker Baumwolle, außerdem hatte es auf dem Bauch einen Riesenfettfleck vom letzten Döneressen. Mein Trägerhemdchen in schwarz war zwar sexy, aber es betonte meine Rundungen etwas zu sehr – weg damit. Das Flatterkleidchen fand ich apart, und ich wusste, dass ich gut darin aussah – war aber zum Boulespielen eher ungeeignet. Außerdem sollte er nicht unbedingt schon jetzt denken, ich wollte was von ihm.

Shorts und ein weißes T-Shirt, das war sicher nicht verkehrt.

Am Nachmittag war ich die einzige auf dem Platz. Klar, so blöd, sich dieser Hitze auszusetzen war außer mir niemand. Aber mich hatte es erwischt, ich gestehe, ich war richtig verknallt.

Wo er nur blieb? Sicher hätte er keine Lust, lange in der Hitze zu brüten. Vielleicht würde er mir vorschlagen, im Biergarten eine Schorle zu trinken? Oder sollte ich das tun? Besser nicht, ich finde mich zwar emanzipiert, aber „willst du gelten, mach dich selten" sagte meine Oma immer. Aber ich könnte ihm von dem Boule-turnier in Darmstadt erzählen und beiläufig fallen lassen, dass ich dazu noch einen Partner suche. Dann wären wir den ganzen Tag zusammen, ich würde wieder klasse spielen und er könnte nicht anders, als von mir begeistert zu sein. Abends würden wir noch einen Absacker trinken, und dann würde er mich heim fahren und dann …

Da, da kommt er! Er ist es! Ein bisschen aufgequollen sieht er aus, kein Wunder, es sind sicher bald vierzig Grad. Aber er ist ein-fach süß, ach, er gefällt mir so gut!

Er sah mich, wie ich meine Kugeln auspackte. „Donnerwetter, bei den Temperaturen trainierst Du? Respekt!" rief er mir von wei-tem zu.

Dann ging er etwas schneller. „Viel Erfolg! Bis irgendwann mal!"

Schon war er verschwunden. Da stand ich nun mit meiner Sehn-sucht und meinem hübschen Outfit. War das etwa schon alles?

Verdammte Hitze!

Zur Autorin: Gabriele Schättel (73)

Wo sind Sie geboren und/oder aufgewachsen?

Saarbrücken.

Was beschäftigt Sie außer der Literatur – z. B. beruflich?

Musik, Psychologie, Boule spielen.

Was ist das Besondere an den Texten, die Sie schreiben?

Ich schreibe gerne autobiographische Szenen, auch Kurzgeschichten.

Ein kurzes Statement: In unsicheren Zeiten können Bücher ...

retten: aus Verzagtheit, Zukunftsangst ...

Welches Buch hat Sie zuletzt begeistert?

„Heimkehr" von Wolfgang Büscher.

Klaus Brunn

Der Fluss nimmt die Erde auf …

Die Zeit drängt und ich bin mir sicher, auch dieses Jahr wird er versuchen zu verhindern, dass ich Claudia am Fluss treffe. Zumal der Nebel immer dichter wird. Menschen huschen als bizarre Schemen vorbei und kaum sind die eng beieinanderstehenden Häuser zu erkennen. Im unteren Teil der Stadt orientiere ich mich am Plätschern des Flusses.

Als ich endlich die überdachte Holzbrücke erreiche, im kupferfarbenen Schein der alten Laterne erinnert sie an einen Gardisten, der die Brücke bewacht, scheint der Nebel zu glühen. Ich spüre den Sog, der mich hinüberzieht. Jemand kommt mir entgegen. Ist er das? Ich trete einen Schritt zur Seite, aber der Betreffende geht an mir vorbei, verschwindet im Nichts. Seine Schritte dröhnen dumpf auf den ausgetretenen Bohlen. Das war einer der Gründe, warum die hinter der Brücke abfallende Uferböschung der ideale Ort für Claudia und mich gewesen war. Weil jeder Schritt zu hören ist, wenn jemand die Brücke überquert. Zum anderen ist man von den hohen Holunderbüschen gut vor Blicken geschützt. Wild wachsen sie am Uferweg, der ans Wasser hinunterführt. In jenem Frühsommer hatte uns wohl der bittersüße Duft der Blüten die Sinne betäubt und uns unvorsichtig werden lassen. Nun jedoch hängen die Äste traurig herab. Ich laufe ans Ufer und schaue auf die Mitte des Flusses.

Dünne Schleier, beleuchtet von einem Lichtschein unbekannter Herkunft, treiben über das Wasser. Sein Murmeln ist unaufhörlich und vielstimmig. Auch Claudias Stimme meine ich zu hören, drehe mich erwartungsvoll um und sehe zu der gewohnten Stelle. In der kleinen Mulde hatte sie meist gesessen. Die Arme um die

Beine geschlungen und den Kopf auf die Knie gelegt hatte sie zu mir herübergeschaut.

Immer wenn sich unsere gemeinsame Zeit dem Ende zuneigte, stand ich, so wie auch jetzt, am Fluss und starrte hinein, als könne dieser mir eine Lösung für unsere Situation zutragen. Claudia war anzusehen, dass ihre Gedanken schon nicht mehr bei mir waren.

Wo ist sie jetzt? Die Zeit vergeht und der Nebel hat alles in dicke Watte gepackt. Da bemerke ich die Gestalt, die ein paar Meter neben mir wie hinter einem dicken Vorhang hervor tritt.

Ich hoffe, sie ist es, doch die schwarze Baseballkappe ist mir nur zu vertraut, wie mir auch die sich mühsam dahinschleppende Stimme vertraut ist.

„Hallo Daniel! Wusste ich's doch, dass ich dich hier antreffe!"

Schon spüre ich wie seine Gegenwart meinen Willen lähmt. Ich ignoriere ihn, will die Böschung hinaufsteigen, aber sein harter Griff umklammert mein Handgelenk.

„Warum so eilig, willst du einen alten Freund nicht begrüßen?"

Er lässt mich los und stellt sich direkt vor mich; der Schirm seiner Kappe berührt meine Stirn. „Hallo André."

„Na siehst du, geht doch", erwidert er und nickt zu der im Nebel versunkenen Stadt. „Lass uns was trinken gehen." Es klingt mehr nach einem Befehl als nach einer Einladung.

Und wie er mich am Arm packt, habe ich den Eindruck, von ihm abgeführt zu werden. Wir laufen über die Brücke und in fast beiläufigem Tonfall fragt er, wo ich gerne was trinken würde. Ich erspare mir eine Antwort, weiß, er hat schon entschieden. Mit sicheren Schritten führt er mich durch den Nebel, der kälter geworden scheint. Bald haben wir die Kneipe erreicht, wo Claudia und ich uns ab und zu getroffen haben.

„Bitte", sagt er und überlässt mir den Vortritt. Er verzieht bösartig den Mund, als ich an ihm vorbei gehe. Wir zwängen uns zwischen den Leuten durch; sie stehen herum, sie reden, lachen und nippen an ihren Gläsern. Wie ich sie um ihre Sorglosigkeit beneide. Unentschlossen bleibe ich an der Theke stehen, warte auf

André, der mich nach hinten an den Zweiertisch drängt. Auch dieser Platz war stets ein geschützter Ort für Claudia und mich gewesen. Obwohl von einer Garderobe und einem breiten Holzpfeiler verdeckt, hat man den Eingangsbereich gut im Blick. Kaum haben wir am Tisch Platz genommen, André setzt sich mir gegenüber, wird sein Ton aufdringlich jovial. Er legt mir die Hand auf die Schulter und sagt: „Nun, was denkst du? Der Laden ist schließlich bekannt für sein Altbier. Lass uns was bestellen." André lehnt sich zurück und schließt die Augen. Erwartungsvoll sehe ich zu der Bedienung, die ein volles Tablett Altbier an den Nachbartisch balanciert.

„Na los, ruf sie her!", sagt André. Er widert mich an. Ich halte die Anspannung nicht mehr aus, spüre kostbare Zeit verrinnen.

„Du weißt, warum ich hier bin. Bestimmt nicht um Altbier zu trinken." Er reagiert nicht, öffnet die Augen und schiebt die Unterlippe vor. Ich recke den Hals, schaue der Bedienung hinterher. „Sicher, ich weiß. Ihr beide treibt jedes Jahr denselben Unsinn. Also was denkst du", faucht er, beugt sich nach vorne, „wo Claudia wohl ist? Auf der Arbeit? Bei ihrer Freundin? Das hat sie mir zumindest immer weismachen wollen. Wo also wird sie sein?"

Ich kann das nicht mehr hören. „Sei endlich still! Du hast ihr doch das Leben zur Hölle gemacht", zische ich ihn an. Seine dunklen Augen fixieren mich. „Was weißt du schon von der Hölle."

Er lacht keckernd, grinst voller Genugtuung, quält sich aus seiner Ecke heraus und verschwindet zwischen den Herumstehenden. Auch ich verlasse das Lokal, weiß, Claudia wird am Fluss sein und ich muss mich beeilen. Meine Beine werden schwerer und schwerer. Doch als ich am Fluss ankomme, Claudia am Ufer stehen sehe, löst sich alle Last in nichts auf.

Sie dreht sich um und ich sehe die Verzweiflung in ihren Augen. Ich strecke die Hand nach ihr aus, aber sie hat sich schon wieder dem Fluss zugewendet und reibt sich über die Arme. Ich stelle mich neben sie und betrachte ihr Profil; nasse Strähnen hängen ihr im Gesicht. „Eigentlich wollte ich früher hier sein, aber er ist mir mal wieder zuvorgekommen. Wie er mich quält. So wie er dich immer gequält hat." Beinahe verständnisvoll lächelt sie.

„Ach Daniel, warum haben wir nicht besser aufgepasst? André musste doch irgendwann dahinterkommen", klagt sie dem Fluss, der das unbeantwortet mit sich nimmt. In solchen Momenten bereue ich, zurückgekommen zu sein. Jedes Mal stellt sie diese Frage, jedes Mal macht sie sich Vorwürfe und immer wieder führt sie diese trostlosen Dialoge mit dem Fluss. „Ich kann nicht vergessen, was er getan hat. Aber wieso hat er mich verschont?"

Es sind immer die gleichen Fragen, die sie stellt und die ich ihr nicht beantworten kann. „Quäle dich nicht", sage ich, bin mit meinem Mund ganz nahe an ihrem Ohr, würde sie gern wissen lassen, dass ich wiederkomme. Doch irgendwann wird sie nicht mehr kommen, wird keine Fragen mehr stellen. Dann wird sie merken, dass der Fluss ihr keine Antwort geben wird. Und irgendwann wird sie alles vergessen haben, so wie sie auch mich vergessen haben wird. Aber was wird dann aus mir? Werde ich auf ewig an den Fluss kommen? Oder ist es ihre Erinnerung, die mich zurückkommen lässt? Ich will darüber nicht nachdenken und möchte nur bei ihr stehen.

Sie bückt sich, nimmt eine Hand voll Erde und wirft sie in die Mitte des Flusses. Wie sie das jedes Jahr tut. Der Fluss nimmt die Erde auf und löscht sie. Und ich weiß, dass es Zeit wird und gehe nah an sie heran. Ich glaube ihren Atem auf meinem Gesicht und ihr Herz in meiner toten Brust zu spüren. „Ich wünschte du wärst hier", sagt sie und blickt sich um.

„Ich *bin* hier", flüstere ich und will sie ein letztes Mal trösten. Aber schon löst der Nebel sich auf. Und als ich mich umschaue, sind die Brücke, der Fluss und auch Claudia verschwunden. Alles was bleibt, ist nichts. Auch ich werde bald verschwunden sein. Aber ich werde wiederkommen. Wie jedes Jahr.

Zum Autor: Klaus Brunn (61)

Wo sind Sie geboren und/oder aufgewachsen?	Darmstadt.
Was beschäftigt Sie außer der Literatur – z. B. beruflich?	Das Leben.
Was ist das Besondere an den Texten, die Sie schreiben?	Versuchen originell zu sein.
Ein kurzes Statement: In unsicheren Zeiten können Bücher …	Alles! Es kommt auf das Buch an!
Welches Buch hat Sie zuletzt begeistert?	„Der Weiße Hai revisited" von Wieland Schwanebeck (Hrsg.).

Klaus Brunn zählte in Stockstadt schon mehrmals zu den Preisträgern.

Marga Rodmann

Wie eine Amsel

Miriam legt ihr Buch beiseite, wirft einen Blick auf ihren Sohn und seufzt. Er sitzt noch an genau derselben Stelle wie zuvor. Natürlich. Was auch sonst.

Sebastian bleibt immer sitzen, wo er im Sand abgesetzt worden ist.

Weggetreten, fast apathisch wirkt er.

Seine Förmchen hat er jedes Mal dabei. Vier Stück. Glatte viereckige Form. Andere will er nicht. Andere rührt er nicht an.

Gelb, Rot, Grün, Blau. Genau in dieser Reihenfolge müssen sie gestapelt werden. Ansonsten fängt er an zu schreien. Ebenso, wenn man ihm seine Förmchen vorenthalten will.

Nun stellt er sie nebeneinander auf das Brett vom Sandkasten und füllt sie mit Sand. Drückt diesen fest und kippt erst das gelbe, dann das rote, dann das grüne und zuletzt das blaue Förmchen auf die Sandmauer, die er bereits gebaut hat. Ein Viereck auf das andere. Wenn eine Reihe fertig ist, streicht er alles glatt, damit es eine exakte Mauer ohne Ecken und Kanten ergibt.

Miriam kommt fast jeden Tag mit ihm hierher. Jedes Mal baut er seine akkurate Mauer, bis sie ihm ein Zeichen gibt, dass sie wieder nachhause gehen. Meistens weiß er, wann sie ihn rufen wird. Blickt schon vorher zu ihr auf.

Woher er das weiß, kann sie nicht sagen. Sie weiß nicht einmal, ob es ihm Spaß macht, seine Mauer zu bauen. Ob es ihm Spaß macht, hierher zu kommen. Sie weiß nicht, ob er vielleicht lieber woanders hingehen würde. Etwas anderes machen möchte. Denn trotz seiner knapp sieben Jahre redet er nicht. Fast nicht. Er könnte es, sagen die Ärzte. Er tut es aber nicht.

Sie waren schon bei vielen Ärzten, damit ihm geholfen werden kann. Damit Miriam Unterstützung bekommen kann. Doch das Einzige, was sie bekommen haben, waren Diagnosen. Jedes Mal lautete sie etwas anders. Jedes Mal bekamen sie auch ein anderes Rezept mit anderen Medikamenten.

Miriam hat versucht, sich im Internet mehr Klarheit zu verschaffen. Stattdessen wurde sie immer verwirrter. Daher hat sie beschlossen, dem Rat zu folgen, ihren Sohn so zu lassen, wie er ist und ihm möglichst gleiche Tage zu bescheren. Immer die gleichen Dinge in immer der gleichen Reihenfolge. Das soll einem Kind wie ihm helfen. Ob das wirklich so ist, kann sie genauso wenig sagen, wie vieles andere.

Normalerweise wäre er dieses Jahr eingeschult worden. Aber was ist schon normal? Auf welche Schule sollte er gehen? Wo wäre er gut aufgehoben? Wahrscheinlich würde er gar nicht verstehen, was dort von ihm erwartet würde. Jedenfalls würde er nicht mit den anderen Kindern klarkommen. Mit den Lehrern wahrscheinlich auch nicht. Und wäre er fähig, zu lernen? Zu lesen und zu schreiben und sogar komplexere Gedanken zu denken? Das kann sich Miriam nicht vorstellen, so sehr sie es sich als seine Mutter auch wünschen würde.

Ebenso wenig kann sie sich dazu durchringen, ihren Sohn in eine Behindertenschule zu geben, wie es Ärzte und Bekannte vorgeschlagen haben und wie es wahrscheinlich das Beste für ihn sein dürfte. Noch hat sie etwas Zeit für die Entscheidung. Sie hat beschlossen, ihn erst im kommenden Jahr einzuschulen. Auch wenn er bald schon sieben Jahre alt wird.

Miriam schaut gedankenverloren zum Weg hinüber und sieht Katja mit ihrer süßen Tochter Marie, die gerade am Spielplatz vorbeilaufen. Marie plappert fröhlich vor sich hin und winkt Miriam gemeinsam mit ihrer Mama zu. Dann hört sie die beiden lachen und sieht, wie sich Marie an den Körper ihrer Mutter kuschelt, als die ihren Arm um ihre Tochter legt.

Alles Dinge, die mit Sebastian nicht gehen. Er redet nicht mit ihr, er mag keine körperliche Nähe. Er reagiert auf niemanden, der sich ihm nähert. Er hat keine Freunde. Er ist allein.

Er ist gefangen in seinem inneren Gefängnis.

Sie ist gefangen in der Eintönigkeit seiner Bedürfnisse.

Was ist das für ein Leben? Eine Qual für ihn. Eine Qual für sie.

Manchmal könnte sie schreien, um sich aus dieser Hölle zu befreien.

Manchmal würde sie am liebsten so laut losschreien, wie ihr Sohn es tut, wenn sie etwas falsch macht. Wenn sie etwas tut, was nicht in sein Schema passt. Was die Eintönigkeit durchbricht, die ihr so ins Herz sticht und sie manchmal in die Tiefe zieht.

Vielleicht sollten sie einmal gemeinsam schreien.

Vielleicht würde das die Verbindung zwischen ihr und ihrem Sohn schaffen, die sie so schmerzhaft vermisst.

Auch ihm kann es in seinem Zustand nicht gut gehen. In seinem engen Käfig. Einsam und allein. Das muss fürchterlich für ihn sein. Sie würde ihn so gerne aus seinem Kerker herausholen. Aber sie hat keine Ahnung, wie sie das machen soll. So vieles hat sie schon ausprobiert. So vieles ist schon schiefgegangen.

Immer, wenn sie geglaubt hat, einen Schritt vorwärts gekommen zu sein und ihm näher kommen zu können, hat er angefangen zu schreien. Hat sie weggestoßen. Sie aus seinem Leben ausgestoßen.

Miriam blickt Sebastian an, der weiterhin konzentriert an seiner Mauer arbeitet, und fasst einen Plan. Sie will ihren Sohn tatsächlich bewusst zum Schreien bringen, damit sie gemeinsam mit ihm schreien kann. Da sie nicht will, dass sie beide für verrückt erklärt werden, will sie irgendwohin, wo sie ungestört sind. Wo sie niemand sonst hören oder sehen kann. Irgendwo in der Natur, denn die scheint ihn zu beruhigen und ihm gut zu tun. Vielleicht gefällt sie ihm sogar. Wer weiß das schon?

Gleich am nächsten Tag setzt sie ihren Plan in die Tat um. Sie frühstücken gemeinsam. Wie immer trinkt er ein Glas Milch und isst eine Scheibe Brot mit Käse. Milder Käse wie junger Gouda muss es sein. Etwas Anderes rührt er nicht an.

Als Miriam nach dem Frühstück aus dem Bad zurückkommt, sitzt er auf dem Balkon und starrt vor sich hin.

Alles wie immer.

Und genau wie immer kann Miriam nicht sagen, ob er etwas betrachtet oder ins Leere starrt.

Sie nimmt seine Hand, um mit ihm nach draußen zu gehen. Er entzieht sich ihr und wirft einen langen Blick auf Miriams Tasche, die wesentlich voller ist als sonst. Dann greift er nach dem Beutel mit seinen Förmchen und folgt ihr nach draußen. Er bleibt in der Nähe von Miriam, achtet aber immer darauf, dass sie sich nicht berühren. Als er merkt, dass sie nicht wie üblich zum Spielplatz gehen, bleibt er stehen. Miriam greift nach seinem Arm und zieht ihn mit sich. Schnell reißt er sich wieder los, folgt ihr aber, ohne einen Laut von sich zu geben.

Miriam ist erleichtert. Hier im Wohngebiet will sie noch kein Schreikonzert anstimmen. Der Ortsrand ist nah. Bald haben sie das letzte Haus hinter sich gelassen, laufen über eine schmale Wiese und tauchen in den Wald ein, der dahinter beginnt. Auf einer Lichtung bleibt Miriam stehen und breitet eine Decke aus. Darauf stellt sie eine Dose mit Sebastians Lieblingskäse und Tomaten, die er ebenfalls gerne isst.

Sie setzt sich auf die Decke und klopft auffordernd neben sich. Sebastian starrt auf die Decke, bleibt aber stehen.

Manchmal ist sie sich unsicher, ob er überhaupt versteht, was sei von ihm will. Dann erscheint es ihr, als käme er aus einer völlig anderen Welt mit einer anderen Kultur und einer anderen Sprache. Sie weiß nicht, wie schlau oder dumm er ist. Was er überhaupt wahrnimmt. Wenn er die Aufgaben, die ihm gestellt werden, nicht durchführt, fragt sie sich jedes Mal, ob er es nicht kann oder ob er es nicht will.

Zuhause steht er oft vor dem Bücherregal und zieht sich einen der großen Bildbände heraus. Langsam und sorgfältig blättert er es Seite für Seite um. Manchmal verweilt er länger auf einer Seite. Manchmal kürzer. Ob ihm die Bilder gefallen? Oder gefällt es ihm lediglich, Seiten umzublättern? Was nimmt er aus den Büchern wahr?

Warum nur hat sie so wenig Zugang zu ihrem Sohn?

Was hat sie nur falsch gemacht, dass sie mit so einem Sohn bestraft wird?

Sofort meldet sich ihr schlechtes Gewissen. Solche Gedanken darf sie nicht denken. Er kann nichts dafür, dass er so ist wie er ist. Und er leidet bestimmt genauso darunter, wie sie. Ist vielleicht sogar noch viel unglücklicher, als sie es erfassen kann.

Sie holt sich und ihre Gedanken zurück in die Gegenwart und sieht ihren Sohn an, der immer noch an derselben Stelle steht und irgendwohin starrt. Wohin genau, weiß sie nicht.

„Komm doch zu mir", muntert sie ihn auf. Doch er reagiert nicht. Damit hat sie gerechnet. Also steht Miriam auf und hält ihm die Dose mit dem Käse und den Tomaten hin. Er nimmt drei Stück heraus und steckt sie nacheinander in den Mund. Ganz langsam kaut er sie. Scheint den Geschmack in seinem Mund zu genießen. Zum Abschluss nimmt er eine kleine Tomate, die er wesentlich schneller kaut und hinunterschluckt. Miriam hat das schon öfter bei ihrem Sohn beobachtet, sich aber noch nie Gedanken darüber gemacht, was er dabei empfinden könnte. Hat sie sich insgesamt zu wenig Gedanken gemacht? Oder die falschen Gedanken?

Sie legt die Dosen beiseite und zieht ihren Sohn zu sich auf die Decke. Er versteift sich. Wird hart wie ein Brett. Miriam umarmt ihn. Erst sacht, dann drückt sie ihn fest an sich.

Nach dem ersten Schreckmoment fängt er an zu zappeln und zu schreien. Miriam ist darauf gefasst. Das ist der Moment, an dem sie mitschreien wollte. Doch sie zögert. Schafft es nicht, so loszulassen, wie sie es sich vorgestellt hat. Als er sich ein wenig von ihr entfernt und seine Stimme etwas leiser wird, gibt sie sich einen Ruck und schreit ebenfalls lauthals los.

Sebastian wird wieder lauter. Ihre Stimmen finden sich. Schreien im Einklang miteinander.

Doch dieser Moment dauert nur kurz. Sebastian verstummt und schaut Miriam verdutzt an.

Miriam lächelt.

Doch er erwidert ihr Lächeln nicht. Hat er es überhaupt wahrgenommen?

Offenbar ist keine neue Nähe entstanden, denn er dreht sich um und geht an den Rand der Lichtung. Dort setzt er sich auf einen Baumstumpf und wendet ihr den Rücken zu.

Sebastian blendet die Mutter in seinem Rücken aus und lauscht den Vögeln. Er liebt den Gesang der Vögel. Hier klingen sie ganz anders als zuhause, wo es fast nur Amseln und Spatzen gibt.

Eine Spinne krabbelt an seinem Bein entlang. Sebastian nimmt sie in die Hand und betrachtet sie ein wenig, bevor er sie behutsam an einen Ast in seiner Nähe hängt.

Bald darauf erscheint eine Schwebfliege vor seinem Gesicht. Sie kommt so nah an ihn heran, dass er den Wind ihrer Flügel auf seinen Wangen spürt. Seltsamerweise stört ihn das nicht. Niemand sonst darf das. Er hebt langsam seine Hand und streckt seinen Zeigefinger direkt unter den kleinen Körper. Die Schwebfliege nimmt die Einladung an uns setzt sich drauf. Ihre durchsichtigen Flügel bleiben ausgeklappt, jederzeit flugbereit. Jederzeit bereit, die Flucht zu ergreifen, wenn es nötig sein sollte.

Sebastian mag diese gelb-schwarz geringelten Insekten, die auf den ersten Blick so aussehen, wie Wespen. Aber an ihrem flachen Hinterteil, das aussieht, als hätte es jemand zusammengedrückt, erkennt er sie sofort.

So etwas zu verursachen wäre typisch für Menschen. Sie müssen alles anfassen, überall herumdrücken und alles um sich herum verändern. Sie können nichts einfach lassen, wie es ist. Sind mit nichts zufrieden. Wollen von allem immer mehr.

Ein Schatten von links lässt ihn aufblicken. Diesen Vogel kennt er noch nicht. Aber anhand des Vogelbuches, das die Mutter im

Regal stehen hat, kann er ihn identifizieren. Es ist ein Eichelhäher. Er hat das Buch schon oft angesehen, so wie viele andere Bücher auch. Das Vogelbuch gefällt ihm am besten.

Zum Glück gab es schon mehrere Gelegenheiten, Buchstaben und Zahlen kennen zu lernen. Dadurch sind diese Bücher noch viel interessanter geworden. Sie enthalten viele Informationen, die sich ihm immer noch nicht erschließen. Aber das wird sich noch ändern, dessen ist er sich sicher.

Normalerweise tut er sich schwer mit Veränderungen. Sie verunsichern ihn, weil sie nicht vorhersehbar sind und er nicht weiß, was als nächstes kommen wird. Etwas dazu zu lernen ist aber anders. Das kann er steuern. Da weiß er genau, was auf ihn zukommt. Das ist gut, denn es erweitert die Möglichkeiten in seinem Kopf.

Der Eichelhäher sitzt nun in einem Baum ganz in der Nähe von Sebastian. Er legt den Kopf schief und betrachtet ihn. Sebastian tut es ihm gleich. Der Vogel stößt einen krächzenden Laut aus und hüpft auf seinem Ast ein wenig näher. Aber er bleibt misstrauisch und hält genügend Abstand. Das ist gut so.

Die Amseln bei ihm zuhause waren anfangs auch so. Mittlerweile sind sie weniger scheu. Kommen näher an ihn heran. Wissen, dass er ihnen nichts tut und dass er nicht zu viel von ihnen will.

Sebastian erinnert sich besonders gerne an eine Amsel, die er Hängeflügel nennt. Denn einer ihrer Flügel hängt immer etwas tiefer als der andere. Für sie sammelt er Regenwürmer, um sie ihr zu überreichen. Jedes Mal hüpft sie erst ein wenig hin und her, noch unentschlossen, ob sie diesem kleinen Menschen wirklich trauen soll. Dann kommt sie näher heran, legt den Kopf schief, macht den letzten Schritt und nimmt sich den Wurm. Schnell weicht sie wieder ein paar Schritte zurück. Erst dann verspeist sie den Wurm.

Inzwischen ist sie dabei ganz ruhig. Mit dem selbst gewählten Abstand hat sie keine Angst vor ihm. Er macht keine schnellen

Bewegungen und drängt sich ihr nicht auf. Lässt sie sein, wie sie ist. Hält die Distanz, die sie braucht.

Genau so, wie auch er es mag. Genau so, wie er es für richtig und wichtig hält. Die anderen Menschen verstehen das nicht. Sie verstehen ihn nicht und er versteht sie nicht.

Sie sind so komplex. Aber nicht so, wie komplexe Zahlen. Die sind logisch aufgebaut und folgen einem immer gleichen Muster. Menschen sind überhaupt nicht logisch. Sie sagen das Eine und tun das Andere. Sie kommen einem viel zu nah und schubsen einen dann weg. Sie rufen „komm her" und „geh weg" zur gleichen Zeit. Sie haben keine Geduld und keine Ausdauer. Sie sind immer zappelig, bewegen sich hektisch und schnell und wollen immerfort etwas anders. Wollen nie dortbleiben, wo sie sind, sondern immer gleich woanders hin. Brauchen immer etwas Neues. Immer mehr. Wovon auch immer.

Sebastian kann das überhaupt nicht nachvollziehen.

Tiere sind ihm viel lieber. Sie sind klar und ehrlich. Bei ihnen muss er nicht in Gesichtern lesen, was sie wirklich wollen. Das kann er nicht. Er findet in den Gesichtern der Menschen nichts, was er verwerten kann.

Die Mutter ruft. Er dreht sich zu ihr um.

Aus den Augenwinkeln nimmt er wahr, wie sich der Eichelhäher erhebt und davonfliegt.

Etwas traurig sieht er ihm nach. Gerne wäre er mit ihm geflogen. Wäre mitgekommen in das Reich der Vögel, das ihm viel näher zu sein scheint, als das Reich der Menschen.

Wenn er zwei Flügel hätte, würde er sie ausbreiten und sich ganz weit nach oben schrauben. Er würde eine Weile mit dem Eichelhäher fliegen und dann weiter aufsteigen zu den Bussarden, die am Himmel nach Mäusen Ausschau halten. Nach einer Weile würde er sich auch von ihnen verabschieden und sich zu den Mauerseglern gesellen, die fast ihr gesamtes Leben in der Luft verbringen. Immer fliegen, immer alles von oben betrachten. Nicht allein und doch für sich.

Weit weg von den Menschen und all ihrem Lärm. Von all ihren Dingen, die sie für wichtig halten und mit denen Sebastian nicht viel anfangen kann.

Sebastian würde aber nicht sein ganzes Leben in der Luft verbringen wollen. Er würde am Ende zu den Amseln fliegen, die ihm besonders vertraut sind, und bei ihnen bleiben. Sie singen schön, sind aber ansonsten ganz ruhig. Sie sitzen gerne auf einem erhöhten Platz, jede für sich. Nicht wie die Spatzen, die er immer wieder als lärmenden Pulk aus den Gebüschen vor dem Balkon hören kann. Sie sind den Menschen zu ähnlich, haben sich zu sehr angepasst. Sebastian wäre gern wie eine Amsel.

Die Mutter ruft erneut. Sie will, dass er mit ihr nachhause geht. Sebastian erhebt sich und geht zu ihr hin. Er nimmt all seine Kraft zusammen und sieht sie an.

„Morgen gehen wir wieder hierher in den Wald", sagt er zu ihr.

Er registriert, dass sie bereits alle Sachen zusammengepackt hat. Also dreht er sich um und macht sich auf den Heimweg. Die Mutter folgt dicht hinter ihm.

Miriam ist verwirrt. Ihr Sohn hat so wissend gewirkt, als er auf dem Baumstamm saß. Von ihr abgewandt. Der Natur zugewandt. Als würde er jede Bewegung bewusst tun und die Tiere kennen, die sich um ihn herum befinden.

Und hat er sie tatsächlich gerade angesehen und mit ihr gesprochen? Will er tatsächlich gerne wieder hierherkommen? Es war so schön, als er ihr direkt in die Augen gesehen, und diese wenigen Worte zu ihr gesagt hat. Gerne hätte sie mehr davon gehört. Sich richtig mit ihm ausgetauscht oder ihn gar in den Arm genommen.

Viel zu schnell hat er sich wieder abgewendet. Ist einfach losgelaufen, als wäre sie gar nicht da. Als hätte es den Augenblick davor nicht gegeben.

Aber nun weiß sie, dass es ihm hier gefällt. Also werden sie morgen wieder hierherkommen. Wenn er das will, werden sie jeden Tag hierherkommen.

Offensichtlich ist es diesmal doch gut gewesen, etwas Neues auszuprobieren. Nicht bei dem immer gleichen Muster zu bleiben.

Es hat nur zwei kurze Momente gegeben, in denen sie sich ihrem Sohn nah fühlen durfte. Diese beiden winzigen Momente möchte sie in ihrem Herzen speichern.

Sie weiß, dass sie nicht zu viel erwarten darf. Aber die Hoffnung ist da, dass sich diese Momente vermehren lassen.

Zur Autorin: Marga Rodmann (54)

Wo sind Sie geboren und/oder aufgewachsen?	Geboren und aufgewachsen in Bonn, mit 16 ins Schwabenland und nach dem Studium ins Rhein-Main-Gebiet gezogen.
Was beschäftigt Sie außer der Literatur – z. B. beruflich?	Hauptberuflich arbeite ich in einer Reha-Werkstatt.
Was ist das Besondere an den Texten, die Sie schreiben?	Ich möchte mich nicht in ein Genre pressen lassen, sondern bin offen für alles.
Ein kurzes Statement: In unsicheren Zeiten können Bücher ...	einem die Möglichkeit geben, in eine andere Welt einzutauchen und abzuschalten.
Welches Buch hat Sie zuletzt begeistert?	„Der Kreis des Weberknechts" von Ana Marwan.

Fritz Stock

De Speckes

„Naa, Mama! Isch geh heit net in die Schul!", hot de Bub gegreint
und sich ge' die Deer gestemmt.

„Awwer Paul, du musch halt doch", hot sei Mutter uff ehn en-
geredt.

„Naa, isch geh net meh'! Die sein all so bees zu mer! Kaaner lisst
misch mitspeele, jeder ärjert misch nor! Jeder! Allminanner, vor
allem de Pascal!"

Unn er hot probiert, sei Schulrucksack wirrer abzeziehe.

„Kumm, mei Kind! Jetz am Aafang isses schwer, awwer des werd
schun besser werre! Mer sein halt noch nei zugezo'! Awwer wersch
siehe: Wann des Schuljohr erum is und du in die viert Klass
kimmsch, is alles vergess …"

„Awwer Mama, die dritt Klass hot doch erscht aagefang, unn
mer hun doch erscht Aafang September! Nie, nie werd des besser!"

Es war halt aarisch schwer fer de klaa Paul: Die alde Freunde
unn die vertraut Umgebung waren weit weg. Wie oft hot er zu seiner Mudder gesaat: „Kennden mer net wirrer zurickgehe in unser
alt Wohnung, zu meine Freunde?" Unn jedes Mol hot die Mudder
geantwort: „Awwer guckemol: De Papa hot hie Ärwet gefunn unn
kann net immer so weit fahre. Unn mer wollen doch wie e Familie
beisamme sei, oder? Unn in unserer alt Wohnung wohnen doch
jetzt annere Leit." Dann is de Paul in sei Stub gang unn hot gegreint.

Am schlimmschde war's fer ehn in de Schul. Wie er Ende Auguscht
in de Klassesaal kumm is, hot de Lehrer, de Herr Neugebauer, zu

de annere Kinner gesaat: „So, unn des hier is de Paul Spieker, der is neu zugezooche. Macht's ihm es bissje leichter unn helft ihm, weil er sisch ja erst bei uns zureschtfinne muss." Dann hot er dem Paul en aanzelne Platz ganz hinne geb. Awwer die Bube hunn's ehm net leischter gemacht, allen voran de Pascal, der immer e groß Gusch hatt. Schun zu seim Vadder hun se nor „es Schlapp-maul" gesaat: „große Gusch unn nix dehinner!" De Pascal is dann sogar zum Klassesprescher gewählt wor, die Buwe hun'n aus Freundschaft gewählt, die Mäd aus Angscht. Also de Pascal hot em Paul glei en Uzname verpasst: „Paul der Spicker" hot er geruf unn die annere Bube hunn mitgemacht unn in de Paus genext: „Bei uns hockt e Spicker in de Klass, der kann sogar babbele." Orrer: „In unserer Klass gibt's kaa Fünfer meh', weil mer en große Spicker hunn." Nie hunn se'n mitspeele 'loss in denen eerschde Woche.

Es hot em Paul aach nix genitzt, dass er aa Mol fer die ganz Klass Lutscher mitgebrung hot. Nadierlisch hunn se sei Lutscher ge-numm, awwer gleisch noch e Gedischtsche uff 'n gemacht: „Gu-ckemo' de dicke Spicker: werd vum Lutscher immer dicker." Ei ja: Er war halt aach e bissje moppelisch. Deswee' hot er ab dem Daach nor noch „de Speckes" gehaaß.

Aafang Oktober, am vorletschde Daach vor de Herbschtferie, geht dann mitte im Unnerrischt die Deer uff, unn erenn kimmt e Fraa mit eme Bub. Mer hot glei' gesieh, dass es Auslänner warn. Die Fraa hot em Herr Neugebauer en Zettel geb, der hot druff-geguckt, dorschgeles unn sisch zu der Fraa gedreht: „Ist recht, Frau Özdemir. Der Onur kann gleisch dableibe."
Die Fraa hot dem Bub iwwer de Kopp gestresch unn gesaat: „Güle güle, Onur!" Dem Bub war des e bissje u'aagenehm unn er hot nor gebrummelt: „Tschuss, Mama!"

Die Fraa is dann werrer enausgang. De Lehrer Neugebauer hot

sisch hinner den neie Bub gestellt unn laut gesaat: „Also das hier ist der Onur! Der gehört jetzt zu unserer Klassengemeinschaft!" De Onur hot den Platz newerm Paul kriet.

In de Paus war de Pascal mit seine Kumpels wirrer ganz in seim Element. Sie hun sisch um de Onur gestellt unn ehn gehänselt: „Ouh, wann is die Schul aus? Um oon Uhr!" Es heert sisch halt der Name „Onur" fascht so aa wie „aan Uhr". Unn schwupps, hatt de Onur sein Uzname schunn weg: de „Schul-aus". So hunn se dann noch de Paus hinne im Klassesaal newernanner gehockt: De „Schulaus" unn de „Speckes".

Awwer de Lehrer Neugebauer hot e Dunnerwetter losgeloss: „Isch hun's vum Fenschter aus genau gesieh, wie ehr den Onur gepiesackt hunn! Wann des morgen genauso läuft, kriegt ihr jede Daach eine Extraseite abzuschreiwe, bis der Onur mitspiele darf!" Do war's dann mucksmeisjestill.

No de Schul hunn de Pascal unn sei Freunde de Paul hergewunk: „Kumm mol her, Speckes, du musch uns helfe! Du musch in de Paus mit em Onur speele!"
„Naa, des mach isch net! Speelen doch selwert mit e'm! Ehr hunn e'n jo aach geärjert!" hot de Paul gemotzt.
„Awwer du musch doch dann aach abschreiwe!"
„Na unn? Kann eisch doch egal sei, Ehr kimmern eisch sunscht aach net um misch."
„Kumm, Speckes, sei net so. Morje in de Paus gewe mer der unsern Balle unn dann speelsche mit em „Schulaus" so bissje hie unn her, dass de Herr Neugebauer des sieht. Dodefer derfsch du aach in Zukunft immer bei uns mitspeele, Ehrewort!"

Do hot's de Paul dorschzuckt, unn all die Kränkunge unn Gemeinheide in de letschde Woche sein in ehm hochgesteeh, all des Ge-uze unn Gehänsel, all des Gerufe vun „Spicker" und „Speckes", all die Trauer unn all die Wut: Jetzert war er am Dricker, weil se ehn gebraucht hunn. Jetz kunnt er se zappele losse. Wann er „Naa!" seet, missen se schreiwe, die Deppe unn Großmailer, missen ehre scheppe Buchstawe ins Heft schmeere mit ehre Dollbohrer-Finger, so doll, dass se noch net emol rischtisch vunn de Dafel abschreiwe kennen, missen se jetz e ganzi Seit oder werwaaß-wieveel aus em Buch abschreiwe: Dann siehen se mol, wie des is, wann mer e ganze Noomiddach ganz mudderseeleallaans in de Stubb hocke muss, wie er, de Paul, in all dene Woche.

Awwer uff de anner Seit: War es net des, was er wollt? Was er sisch die ganz Zeit so aarisch gewinscht hot: Dass er mitspeele derf unn net meeh ausgeschloss iss, dass er aach dezugeheert? Dass er endlisch dehaam iss in dem fremde Ort mit seine fremde Kinner unn dass er Friede schließe kann mit seiner nei Umgewung?

All des iss ehm in Sekundebruchteile dorsch de Kopp gang, dann hot er gesaat:
„Also gut, isch mach's, awwer nor, wann ehr misch dann aach mitspeele lossen?!"
„Ei joh, Speckes!" – „Klar!"– „Nadierlich!", hunn se geruf, hunn erleischdert gelacht unn sinn dann ab.

Am nechschde Daach hunn se'm Paul in de Paus de Balle geb, unn de Paul hot mit em Onur gespeelt: werfe, fange, dotze. Erscht war's e bissje komisch zwische dene zwoo, dann war's immer lockerer worr unn hot zum Schluss rischdisch Spaß gemacht. De Pascal unn die annere hunn nore zugeguckt unn dumme Sprich gekloppt.

Noh de Paus war der Herr Neugebauer aarisch freundlisch zu de Kinner. Wie es dann zum Schluss gegongt hot, hot er in sei Dasch gegreff unn e Riesetutt Lakritz und Lutscher erausgeholt: „So, ihr Kinner, erstemal wünsch isch eusch schöne Ferien, und weil ihr so schön mit euerm neuen Klassenkameraden gespielt habt, gibt's hier was Süßes. Pascal, du verteilst, aber guck, dass es auch gerecht zugeht! Schöne Ferien!"

„Danke gleischfalls, Herr Neugebauer!" hunn die Kinner geruf unn sisch, wie se uffem Hof warn, all uff de Pascal mit de Tutt gesterzt. Der hot dann ausgedaalt: fer sei Freunde zeerscht, unn zwar e doppelt Portion, dann die annere Kinner. Zum Schluss hunn nor noch de Onur unn de Paul do gestann. De Pascal hot die Tutt feschtgehall unn se aagekresch:

„Was gucken ehr zwo dann so bleed? Geh haam, ‚Schulaus'! Die Schul is aus. Du kriesch nix aus de Tutt! Mach disch fort! Güle güle!"

„Ja unn isch?" hott de Paul gefroot, „isch hunn doch mit em Onur gespeelt unn deswee' hunn mer allminanner iwwerhaupt die Tutt krieht!"

„Du kriesch aach nix, du bleeder Speckes. Bisch doch schun dick genungk! Willsche noch dicker werre? Unn brauchsch gar net ze denke, dass mer disch noh de Ferie mitspeele lossen. Jetz hosche jo dei neie Türkefreund, do hosche bei uns nix meh zu suche! Hau bloß ab!"

Wie die Ferie erum waren, war de Platz newerm Onur leer. De Lehrer Neugebauer hot gesaat, de Paul deet jetz uff e anner Schul gehe, e paar Orte weider.

Johre später, bei de Hunnert-Johr-Feier vun de Feierwehr, wollten sisch alle runde Johrgäng treffe. Sie hunn aach die Adress vum Dr. Paul Spieker erausgefunn unn hunn ehm geschreb unn hunn e'n engelad. Awwer er hot net geantwort'. „Velleischt," hunn se gesaat, „velleischt war's jo doch die falsch Adress."

Zum Autor: Fritz Stock (69)

Wo sind Sie geboren und/oder aufgewachsen?

Geboren in Nieder-Wiesen, später beruflich in Pfungstadt und Seeheim-Jugenheim.

Was beschäftigt Sie außer der Literatur – z. B. beruflich?

Musik: Auftritte als Singer-Songwriter mit Band.

Was ist das Besondere an den Texten, die Sie schreiben?

Aktuelle Dinge nett verpackt.

Ein kurzes Statement: In unsicheren Zeiten können Bücher ...

im besten Fall Trost und Orientierung sein.

Welches Buch hat Sie zuletzt begeistert?

„Winesburg, Ohio" von Sherwood Anderson.

Ingrid Becker
Lutz

Die Luft war mit Amselgezwitscher, Menschengemurmel und Geräuschen vorbeifahrender Autos erfüllt. Der warme Septemberabend war wie gemacht für diesen Spaziergang. Kaum hatte er diesen Gedanken beendet, als Lutz in eine Stille fiel, die ihm den Atem abschnitt. Erst als er aus der Vogelperspektive sah, wie sein Körper halb auf dem Bordstein, halb auf der Straße ausgestreckt lag, wie sich die Fahrertür des plötzlich aus einer Grundstückseinfahrt geschossenen Autos öffnete und Passanten mit offenen Mündern auf den Ort des Geschehens zustürzten, wusste er, dass er tot war. Tot sein *musste*. „Verflixt!", dachte er, während er weiter nach oben durch die Luft trudelte. „Und zuhause wartet Birgit mit dem Essen." Seine Gleichgültigkeit für die von ihm einstmalig Heißumworbene war ihm schon so in Fleisch und Blut übergegangen, dass Gedanken an Birgits Tränen, Schreie, die unweigerlich folgen würden, erführe sie von Lutz' neuem Zustand, ihn nicht erreichten. Irgendwo lag sein Körper; irgendwo hinter einem dieser Fenster stand Birgit, die liebe, gute Birgit mit der rosa Brille, die sie einer dreizehnjährigen Streberin gleichen ließ. Mit einem Male stellte Lutz fest, dass er nicht mehr nach oben schwebte. Er schien in der Luft festgefroren zu sein. „Was ist denn nun schon wieder?!", dachte er. „Kein Licht? Keine winkenden Personen? Ich befinde mich hier mitten im Nirgendwo!"

Einige Stunden später: Der Krankenwagen hatte seinen Körper abgeholt; der Autofahrer war, eine Zigarette nach der anderen paffend und dabei einen Arm wie einen Schutzschild vor sich haltend, von der Polizei befragt und anschließend mitgenommen worden; Birgits Schrei war, lang und dünn und wohl nur Lutz hörbar, aus der kleinen Seitenstraße, in der sich ihre gemeinsame Wohnung befand, aufgestiegen und hatte eine Wolke, die am Himmel hing, zum Weinen gebracht. Nur Lutz stand immer noch in der Luft wie bestellt und nicht abgeholt.

Als ein Engel neben ihm landete, sich gleich darauf auf einen imaginären Stuhl setzte und eine Zeitung aufklappte, wusste Lutz erst nicht, was er sagen sollte. Was sagt man zu einem Engel, der neben einem parkt?

„Hallo?", begann er unsicher.

„Hallo", kam die gelangweilte Antwort und gleich darauf ein miesepetriges: „Ich bin am Lesen."

„Ja, das sehe ich", meinte Lutz und versuchte, seiner nun nicht mehr körperlichen Stimme einen Hauch von Normalität zu geben. „Was lesen Sie denn da?"

„Das Abendblatt", kam es schlechtgelaunt zurück.

„Ah. Das Abendblatt. – Steht denn Erfreuliches darin?"

„Aber nein", lautete die Antwort. „Dies hier ist das *Abendblatt*."

„Oh", meinte Lutz.

Der Engel sah auf und musterte ihn, vorbei an einer hellblonden, leicht verstaubten Strähne seiner Dreadlocks, die ihm in sein pausbäckiges, sommersprossiges Gesicht fiel.

„Sie sind wohl nicht von hier?"

„Doch, eigentlich schon", meinte Lutz, verschämt ob seiner Unbeweglichkeit. „Ich wohne eigentlich gleich um die Ecke."

„Sie sind wohl am Warten?"

„Ganz recht", bestätigte Lutz. „Aber – auf was warte ich denn?", wollte er, mit einem Male panisch, wissen.

Der Engel sah ihn an, als hätte Lutz nicht alle Tassen im Schrank. „Oh!", sagte er dann, als ginge ihm ein Licht auf. „Ich *verstehe*!! Das ist ihr *erstes* Mal!"

„Mein – bitte wie?!"

„Ihr erstes Mal, dass Sie sterben! Das ist ja Klasse! So jemanden habe ich ja noch nie gesehen!" Und der Engel mit den schmutzigen Dreadlocks hatte sich tatsächlich von seinem unsichtbaren Stuhl erhoben und umrundete Lutz, diesen dabei musternd, als wäre Lutz ein seltenes Mineral. „Dann ist es ja kein Wunder, dass Sie nicht wissen, wohin! Sie müssen wissen, neue Seelen werden nur alle paar tausend Jahre einmal erschaffen! – Wie war denn Ihr Leben?"

„Ausgezeichnet", sagte Lutz, aber es klang eher lahm. Denn, mal ehrlich: Was hatte er in seinen zweiundvierzig Lebensjahren schon Großartiges geleistet oder gehabt? Er hatte eine nicht allzu herausfordernde Arbeit gehabt; die nette Birgit – geehelicht nach fünf Jahren Beziehung –, bei der „er" ihm bald nur noch unregelmäßig gestanden hatte; eine Traumfrau – eine junge Türkin –, die in einem Supermarkt arbeitete, schon seit Jahren verheiratet war und mit der Lutz noch nie mehr als das Allernötigste geredet hatte; er hatte eine noch nicht ganz so alte Mutter gehabt; einen steinalten Vater, der bei fast jedem Besuch von Lutz gemurmelt hatte: „Wer bist 'n du …?"; er war unenthusiastisches Mitglied in einem Tischtennisverein gewesen; hatte zwei gute und fünf weniger gute Freunde gehabt; Langeweile, Frust; eine schiefe Nase seit seinem fünfzehnten Lebensjahr und trockenes dunkelbraunes Haar. „Ach leckt mich doch alle mal!", dachte Lutz. Es war ein banales Leben gewesen. „Ich habe es einfach gelebt, und jetzt ist es hin."

„Das ist aber schade", sagte der Engel, als habe er Lutz' Gedanken gelesen.

„Was ist schade? Dann nehme ich halt das nächste. Kann man sich da eigentlich was aussuchen? Ich würde gern Rockstar werden. Ich glaube, das würde mich interessieren."

„Wieso?", gab der Engel zurück. „*Sex, drugs and rock 'n' roll?* Das können Sie auch haben, wenn Sie in der Orthopädie arbeiten oder als Schaffner."

„Wieso, ich …"

„Was sagt Ihnen eigentlich, dass Sie nochmal auf die Erde zurückkommen?"

„Was? Wieso? Darf ich denn nicht –? Ich bekomme doch einen neuen Körper, dachte ich. Wenn ich reinkarniert werde … Was sollte ich denn *sonst* machen?"

„Immerhin stehen Sie noch hier. Wenn Sie mich fragen: Das sieht ganz danach aus, als hätten Sie's vergeigt."

„Wie –?"

„Sie haben doch mit diesem Leben gar nichts anzufangen gewusst. Sie haben an ihm *vorbeigelebt*! Stunde um Stunde, und nichts hat Sie jemals sehr berührt."

„Das ist nicht wahr!"

„So?"

Lutz schwieg. Dann murmelte er: „Yıldız. Ich bin in eine Frau namens Yıldız verliebt."

„Na und? Was hast du denn konkret getan, um an sie ranzukommen? – Nichts, stimmt's?"

Lutz ließ den Astralkopf hängen. Er war tatsächlich mindestens zweihundert Mal an Yıldız, die zumeist an der Kasse gesessen hatte, vorbeigekommen und hatte des Sommers in ihr Dekolleté geschielt. Er hatte ihre makellosen Unterarme bewundert und die leicht geröteten Wangen; die in ihrer Pechschwärze nur Mutter Natur geschuldeten Augenbrauen. Dazu der Geruch nach Zimt und Minzbonbons, der ihrem Mund entströmte! Hatte sie ihm den Betrag genannt, ihm einen schönen Tag gewünscht, „Auf Wiedersehen!" und dergleichen gesagt, hatte es sich bei ihr stets ganz natürlich angehört. Und ihr Blick hatte scheinbar nie nur den Käufer, sondern stets die liebenswerte Person dahinter wahrgenommen. Ein paar Mal hatte Lutz geantwortet, bisweilen sie sogar angesprochen: schäkernd, wie er gemeint hatte, wobei der schuldige Schweiß auch des Winters von seiner Stirn geperlt war, weil sich schon nach ein paar Silben Birgits Züge – abwechselnd hochrot gefärbt oder mit naivem Lächeln – vor Yıldız' engelsgleiches Gesicht geschoben hatten. Yıldız hatte ihn stets freundlich und mit Würde behandelt. Sie war – so empfand Lutz – keine Kassiererin, sondern eine Königin, die inkognito im Supermarkt arbeitete, um ihre Untertanen zu studieren. Seine Yıldız betreffende Feigheit trat für Lutz nun noch klarer zu Tage als zu Lebzeiten. Yıldız hatte – natürlich! – einen entsprechenden König an ihrer Seite: Mustafa (den Lutz nur von einem Passfoto her kannte, das Yıldız neben der Kasse befestigt hatte): schwarze Haare, gewinnendes, selbstsicheres Lächeln. Und einen Thronerben hatten die beiden, mit runden, dunklen Kulleraugen. Lutz war an allen Ecken und Enden von vornherein ausgestochen worden. Und dennoch: Er war die letzten zweieinhalb Jahre zwischen Scylla und Charybdis hin- und hernavigiert: einerseits der Angst, zu versuchen, Yıldız von seinen Qualitäten zu überzeugen, und andererseits einer teuren Scheidung nebst zeitweiliger Orientierungslosigkeit im Falle der Befreiung aus seiner vermodernden Ehe. Hätte er Yıldız angebaggert und danach von König Mustafa eine gescheuert bekommen: Wieviel männlicher und wahrhaftiger hätte Lutz dagestanden. Nach einer Ewigkeit als Birgits Lebendkopfkissen, Kamillenteebringer, Restaurantbegleiter und sie bisweilen Besteigender.

„Wie komme ich nun aber weiter?", wollte Lutz wissen. „Ich kann doch nicht auf ewig hier herumhängen!"

„Warum denn nicht? Mag sein, dass irgendwo anders noch ein paar Ihrer Sorte so rumhängen. Und die dürften sich noch wesentlich einsamer fühlen, denn sie haben nicht *mich* als Gesellschaft! – Jedenfalls, bis ich zu Ende gelesen habe. Woran ich mich jetzt machen werde, wenn Sie nichts dagegen haben."

Wäre es Lutz noch möglich gewesen, er hätte sich jetzt vor Verzweiflung in die Hose gemacht: „Sie wollen mich hier hängenlassen?"

„Sie sind doch vorher auch prima ohne mich ausgekommen."

„Ich war ja auch nicht allzu lange alleine hier!"

„Sind Sie sicher? Sie haben sich senkrecht nach oben bewegt, aber nicht Ihren Horizont erweitert. Aber das kommt noch."

Lutz schielte nach unten: „Was ist denn *das*?"

„Ich persönlich finde dieses mit Wolkenkratzern versetzte Häusermeer auch etwas überladen."

Lutz' Stimme schnappte über: „Das ist aber nicht meine Darmstädter Wohngegend!"

„Natürlich nicht – *das* hier liegt in Brasilien!"

„Aber was macht dann diese Seenplatte da?"

„Das gehört zu Finnland! Ihr Horizont *hat* sich also schon erweitert, Kompliment!"

„Soll ich mir einen neuen Wohnort aussuchen?"

„Genieß einfach die Aussicht; etwas so Hochfliegendes hast du wahrscheinlich noch nie in deinem Leben unternommen. Noch nicht mal von Darmstadt bis Frankfurt bist du gezogen, obwohl du das immer vorhattest."

„Toll, wie sich alles verschiebt", meinte Lutz nach einer Weile. „Wie bei einem Kaleidoskop!"

„Du klingst ja richtig begeistert. – Kein Gedanke mehr an Yıldız?"

„Doch. Aber wenn ich sowieso hier oben kleben bleiben muss … Zumindest bekomme ich auf diese Weise was geboten."

„Du kannst dir ja auch was anderes vorstellen!"

„Findet das Ganze etwa nur in meinem Kopf statt?"

„Sehen findet auch nur im Kopf statt. Oder denke nur mal an die unterschiedliche Wahrnehmung von Zeit in verschiedenen Situationen."

„Davon habe ich schon mal was gehört. – Moment: Brasilien … Finnland … Und hier kommt offenbar Australien angedüst. Ich muss verflixt schnell sein!"

„In deiner Phantasie, ja."

Nachdem Lutz eine Weile das sich immerfort ändernde Panorama – in Polarregion-Weiß bis in Amazonas-Grün und in sämtlichen Tag- und Nacht-Abstufungen – genossen hatte, wurde er erneut von tiefer Unruhe befallen: „Aber was kommt jetzt?"

Der Engel zuckte die Schultern. „Ich kann nur vermuten, dass deine beiden Zustandsebenen – erstere, dass du deinem Leben nicht wirklich etwas abgewinnen konntest und ihm gegenüber kaum Leidenschaft gezeigt hast, sowie deine zweite, nämlich die astrale – sich einfach angleichen werden: Es sieht so aus, als ob du es bald geschafft hast. – Und jetzt psst!: der Sportteil!"

„Was aber habe ich ‚bald geschafft‘ – bitte schön?", presste Lutz heraus.

„‚… Aufschlag seitens der jungen, hochtalentierten …‘ – Na, du löst dich auf."

„Häh??"

„Noch nicht gleich. Das dauert noch ein Weilchen."

„Ich will das nicht!"

„Du willst so stehenbleiben wie eine stehengebliebene Standuhr, in jeder Hinsicht? – Haha! Witziger Vergleich von mir! Muss ich mir merken!"

„Ich will wieder runter … glaube ich."

„Aber da wartet doch nichts auf dich, wofür du dich allem Anschein nach wirklich entflammt hast!"

„Ich könnte ja was Neues finden … glaube ich."

„‚Glaubst du‘, äffte der Engel Lutz nach. „Nimm mich: Ich *interessiere* mich: für Hockey in dieser Zeituntereinheit; ich interessiere mich auch für Schleiereulen –"

„Wieso?"

„Für etwas *muss* man sich interessieren, möchte ich meinen. Sonst vegetiert man nur. Aber man lebt nicht richtig!"

„Ich finde das fies und ungerecht! Womöglich reinkarniert ihr Massenmörder, weil sie beim Töten eurer Meinung nach genug Leidenschaft gezeigt haben – aber mich, der ich nur ein wenig … zurückhaltend gegenüber dem Leben war, der sich einfach nicht getraut hat, Yıldız –"

„Du warst bequem!"

„Ja, von mir aus!" Lutz suchte nach Worten. „Aber ich bin doch nicht reinkarnationsunwerter als Andere!"

„Ich mache nicht die Regeln. Du hast auch mein Mitgefühl, wirklich. Du hast vielleicht auch einfach zu wenig Schlimmes oder aber eben Schillerndes in deinem Leben getan, als dass du

reinkarniert werden *müsstest*. Und für den *ganz* großen Schluss-
punkt – unten oder oben – langt es halt einfach nicht. Sieh es doch
mal so: Du hast dann wirklich deine Ruhe vor dem Leben!"

„Ich *will* keine Ruhe haben!"

„Du bittest ja richtig *leidenschaftlich* um eine Reinkarnation!
Vielleicht reicht das ja … Uff! Mann! Warum musste ich mich nur
gerade hierhin zum Lesen begeben!"

„Ich *würde* mich interessieren – für irgendetwas! – Bergziegen!"
So brach es gleich darauf aus Lutz heraus. „Kaschmirige Bergziegen!"

„Ich hätte jetzt Wüstenspringmäuse oder Polarfüchse angenom-
men. Was ist mit Yıldız?"

„Nun, wenn ich sie nicht haben kann: Es gibt ja noch andere
Frauen, oder?"

„Die Einstellung gefällt mir irgendwie! Du klebst nicht mehr so an
deinem abgestandenen Dasein; du bist bereit, dich zu verändern!
Wie dein ‚Kaleidoskop' zeigt. Du erweiterst deinen Horizont."

„Aber nicht, dass jetzt jemand denkt, ich würde als Kaschmirziege wiedergeboren werden wollen!", platzte es aus Lutz heraus.

„Warum so bockig?"

„Erst sagten Sie, ich bekäme keine Reinkarnation! Und jetzt diese Andeutung … Aber ich *will* kein Tier werden!"

„Ob noch eine Stelle als Mensch frei ist für einen, der sein Leben
so hat ausbluten lassen, kann ich zwar nicht mit Sicherheit sagen,
aber ich sehe da schon einen gewissen Engpass. Ziegen jedoch
sind genügsame Tiere."

„Keine Ziege! Zumal: Sie wollen, dass ich dem Leben was abge-
winne, und dann wollen Sie mich in einen ‚genügsamen' Ziegen-
körper stecken??"

„Na, bravo! Du willst wirklich was leisten in deinem neuen
Leben, oder?"

„Ja! Ja! Ja!"

„Also, ich glaube, dann können wir es als abgemacht ansehen,
dass du deine neue Chance bekommst."

„Au!", rief Lutz aus. „Was ist das? Dieses Licht? Träume ich? Ist das jetzt real oder nicht? Antworten Sie! Ist das real?"

Real, real, real …, echote es ihm entgegen, und als Lutz angesichts des immer gleißenderen Lichts die Augen schloss und hernach wieder öffnete, glänzte ihm ein Gesicht entgegen, das ihm bekannt vorkam. Die Stimme hingegen, die er zur gleichen Zeit vernahm, war männlich, rau, tief. Sie sagte: „Verflixt – was für ein dicker Brocken das war! Aber wir haben alles rausgeschnitten. Ein medizinisches Wunder; er hätte die Auswirkungen schon längst bis zur Unerträglichkeit merken müssen."

„Schnuffel!"

Birgits Nase war dick und rot. „Oh, Doktor Bergmann, er redet!"

„Wäre ja noch schöner, wenn nicht. – Wir lassen ihn jetzt mal schön ausruhen, junge Frau."

Den Blick in einen unverstellten, knallblauen Himmel richten können, indem er das Oberteil seines Krankenhausbettes nach oben verstellte, und von einer ihm genehmen Zukunft träumen – Lutz' Leben hatte sich auf einen Schlag zugleich verlangsamt und beschleunigt. Nicht nur den Gehirntumor war er los, der unbemerkt an ihm gefressen hatte und erst entdeckt worden war, nachdem ihn jenes Auto angefahren hatte und er bewusstlos ins Krankenhaus eingeliefert worden war – auch dieser merkwürdige Traum war ihm erhalten geblieben.

„Ich wusste nicht, dass Sie sich für Kaschmirziegen interessieren", wandte sich der wuchtige Krankenpfleger an ihn. „Immer wieder haben Sie beim Aufwachen aus der Narkose davon geredet."

„Ich interessiere mich für *alles*!", brach es aus Lutz, mit leichter Panik versetzt, heraus. „Nur kein Stillstand!"

„Na, jetzt können Sie wieder Bäume ausreißen", stimmte ihm der Krankenpfleger freundlich zu. „Oder aber eine Weltreise machen, wie auch immer."

Es war an einem von modrigen Aromen erfüllten Novembermorgen; Lutz joggte, schloss im Laufen für den Bruchteil einer Sekunde die Augen – und fand sich nach dem Öffnen derselben unversehens an einem ihm unbekannten Ort wieder. „Wie bitte … Geht das denn nun schon wieder los?" Lutz gab sich Mühe, nicht allzu echauffiert zu klingen, scheiterte aber. „Ich habe mein Soll an Engelserscheinungen schon gehabt, meine ich! Auch unter LSD. Aber dies hier toppt alles! Und: Wenn schon – warum ist Ihr Kollege dann nicht hier? Hat er frei? Das würde ich als persönliche Beleidigung sehen, schließlich sterbe ich ja erst zum zweiten Mal, da hätte er sich ja – verdammte, verfluchte Scheiße! – für mich mal freinehmen können! Den Sportteil kann er immer noch lesen! Und warum – verschissen-und-verkackt-zugenäht! – ist es eigentlich so schummerig hier?? Ist schon Nacht? Bin ich über Rio und sind noch ein paar Wolkenkratzer dazugekommen?? Oder über Finnland und unter mir sind Seen? Haaalloooo! Ich habe mein Leben *gelebt* dieses Mal! Ich bin über Yıldız rübergestiegen, wir waren sogar anderthalb Jahre lang verlobt! Menschenskind! Ich war freier Mitarbeiter eines Rockmagazins! Ich war unter anderem mit den *Cubic Rounds*, den *Teigwanzen* und den *Rosenkavalioten* auf Tour! Ich habe nun wirklich in den letzten zwei Dekaden all mein versäumtes Leben mehr als genug aufgeholt …!"

Lutz' Gegenüber hatte die ganze Zeit über freundlich gelächelt; er schien ein entspannter Typ zu sein. „Sorry für das Licht, Kumpel", meldete er sich schließlich zu Wort. „Ich kann nachvollziehen, dass du ein wenig verwirrt bist; aber ich werde dich aufklären: Zuallererst einmal: Es ist *nicht* Nacht. Du bist *weder* über Rio noch über Finnland. Du hast *in der Tat* viel getan, um deinen Rückstand vom ersten Mal wiedergutzumachen: dickes Lob für das! Außerdem befindest du dich in einem gläsernen Aufzug; wir wollen nicht, dass die Leute bei der relativen Dunkelheit hier irgendwohin abdriften, wenn sie zu uns kommen. In Ordnung: Du schwebst mitten in der Aufzugskabine, das heißt, der Transport wird sich ein wenig verzögern; du bist anscheinend noch nicht so weit, aber keine Sorge: Wir haben viele Aufzüge, du nimmst niemandem den Platz weg. Was den von dir erwähnten ‚Kollegen‘ angeht: Jetzt mal im Ernst: Sehe ich wie ein Engel aus? In meinen luftigen Klamotten könnte man mich dafür halten, aber das ist nur dem Umstand geschuldet, dass selbst mir hier oft recht warm wird."

„Ich sehe Sie ja kaum!", trotzte Lutz.

„Dimmer! Mehr Licht!"

„Ah … Wa- Wie … Wenn Sie jetzt sagen, Sie sind der Teufel, dann …" Lutz' Blase fühlte sich auf einmal überraschend voll an.

„Das sind nur die Nerven, du musst nicht wirklich", beruhigte ihn der Rothaarige mit den kleinen Bockshörnchen auf dem Kopf freundlich. „Und so empfänglich ich mitunter für Schmeicheleien bin: Nein, ich bin nicht ‚der Teufel‘ – ich bin *ein* Teufel!"

„Der Tumor ist also zurückgekehrt?"

„Nichts mit Tumor – dein Körper liegt brav in der Leichenhalle, wie es sich gehört, tumorfrei; ein wenig bedenkliche Leberwerte, aber dein rascher Exitus während des Joggings kam einer Zirrhose zuvor – du Glückspilz!"

„Was habe ich *falsch* gemacht??" Lutz schrie jetzt. „Ich habe niemanden umgebracht, ich habe Yıldız nicht geprügelt, ich habe nur *zwei Mal* aus dem Fenster des Hotels Excelsior in Dubai gepinkelt! Und die Tatsache, dass ich hier hänge … Ich bin nicht reif für die Hölle, oder??"

„Ja, ich muss schon sagen, du bist ein schwieriger Fall", stimmte der Leichtgehörnte ihm, nun ein wenig gereizt klingend, zu. „Immer ein wenig unentschlossen, nie so wirklich eindeutig …"

Lutz drehte nun voll auf: „Euch Typen kann man es doch wirklich nicht recht machen! Und falls ich noch nicht wirklich tot bin –"

„Du *bist* tot –"

„Könnten Sie den Anderen nicht mal runterschicken? Der ist vielleicht auskunftsfreudiger als Sie!"

„Der ‚Kollege‘ ist beschäftigt: wo nicht mit einem Verstorbenen, dann mit der Zeitung. – Ah!" Ein vernehmliches Klingeln erscholl.

Der Gehörnte zupfte sich am linken Ohrläppchen: „Ja – ja … Ist hier. Oh? Ja, ich habe mich auch schon gewundert! Haha … Haha!! Alles klar!" Sich eine Lachträne aus dem Augenwinkel wischend, drückte er nunmehr sein linkes Ohrläppchen. „Der ‚Kollege' von oben lässt dich grüßen. Es ist wirklich ein dolles Ding!"

Lutz hatte unterdessen versucht, sich auf den unsichtbaren Boden der Aufzugskabine zu setzen, schwebte aber nach wie vor im Nichts; unter seinen behosten Pobacken leere Luft oder Entsprechendes, wie er mit unter sich herumtastenden Händen ermittelt hatte. „Gibt es hier ein Klo?", presste er heraus.

„Du *musst* nicht! Das ist so ähnlich wie bei Phantomschmerzen. Zudem gibt es erfreuliche Nachrichten für dich!"

„Ich werde reinkarniert?"

„Bravo! – Aber so schwer zu erraten war das nicht wirklich, nicht wahr? Du hast dich ein paar Mal wirklich kräftig danebenbenommen: Autounfall mit Fahrerflucht, zum Glück nur mit zwei Leichtverletzten. Yıldız' Mann hat das alleinige Sorgerecht für den gemeinsamen Sohn bekommen – aufgrund des von Yıldız und dir gemeinsam ausgelebten Drogenkonsums und weil Yıldız und du vergessen hattet, eure Schlafzimmertür zu schließen bei eurem (immerhin einvernehmlichen) Anal-vaginal-Dreier mit dem Türsteher des *Daft Clubs*, so dass Yıldız' Kleiner beim Durch-den-Türspalt-Linsen mehr über menschliche Anatomie lernte, als für einen Siebeneinhalbjährigen angemessen ist. Du hast aus dem dreißigsten Stock des Dubaier *Excelsior* nicht nur gepinkelt, sondern auch noch den heimlich hineingeschmuggelten Pekinesen der *Cubic-Rounds*-Sängerin geworfen, nachdem die dich nicht rangelassen hatte und dich zudem mit einem Schmalspurgehalt für deine Tourbegleitungs-Artikel abspeisen wollte; zum Glück landete das Tier wenigstens nur auf einem Autodach und nicht auf jemandes Kopf! Drohbriefe an Birgit nach der Scheidung, finanzieller Dinge wegen – da warst du noch nicht so flüssig, stimmt's? – Wegen unglücklicher Liebe und daraus resultierenden romantischen Briefen an eine Isolde Kant gibt es Bonuspunkte!

Glückwunsch auch noch nachträglich zum daraus entstandenen Nummer-eins-Hit *Warum immer ich?*, der einen ganzen Sommer fast nonstop im Radio gespielt wurde, der dir eine „Platin-Schallplatte" einbrachte und der vierundfünfzig Hörer davon abhielt, sich aus Liebeskummer umzubringen, weil sie sich beim Hören ‚so verstanden' und ‚in den Arm genommen' fühlten. – Tja, Lutz: Du bist schon ein komplizierter Fall. Ob es für die Reinkarnation als Mensch reicht, wei…"

„Als Mensch! Als Mensch!" Lutz' Stimme überschlug sich. „Aber bitte nicht taub, nicht blind, nicht blöde, oder was es sonst für Scheußlichkeiten gibt! Denkt an die vierundfünfzig Menschen, die mir ihr Leben verdanken! Das ist eine Menge, möchte ich meinen!"

„Mjaaaa …" Der Teufel klang missmutig. „Ich würde mich jetzt nicht so auf die Menschenrolle versteifen. Ich hätte hier noch einen indischen Elefanten, ein Streifenhörnchen, einen Perserkater – sorry: Perser*kätzin* – eine Kaschmirziege … Es muss nicht immer ein männliches Exemplar sein, aber das ist dir schon klar, oder? – Okay, okay: drei Menschen hätten wir auch zur Verfügung."

„Nicht blind, nicht taub, nicht blöd", repetierte Lutz wie ein Mantra.

„Keiner von den drei Angeboten ist blind, taub oder blöd", beruhigte ihn der Teufel.

„Ach – und kein vom Hals abwärts Gelähmter, klar?!", fügte Lutz hinzu.

„Damit fällt die eine schon mal weg. Bist du sicher? Bei *den* tollen Genen und der gutbetuchten Familie der Kandidatin hättest du den Nobelpreis für Physik schon so gut wie in der Tasche gehabt. Gutaussehend wärst du auch geworden."

„Aber gelähmt! Geht's noch??"

„Ich habe hier noch einen in Kaschmir Auf-die-Welt-Kommenden."

„Lassen Sie mich raten: dessen Eltern bitterarm sind, der beim Militärdienst getötet oder verkrüppelt wird oder schlicht verhungert oder sich mit einer tödlichen Krankheit ansteckt, an der er mangels medizinischer Versorgung elend verrecken wird?" Lutz' Stimme triefte vor wütendem Misstrauen.

„Beinahe. Die Chancen, dass er vor seinem fünfzehnten Geburtstag in einem Steinbruch oder als Stricher stirbt oder von seinem Vater totgeprügelt wird, stehen relativ hoch. Aber er ist klug, hat einen einnehmenden Charakter, ist homosexuell …"

„Aaaaah!!" Lutz hatte tief Luft geholt und schrie. Ein, zwei Minuten lang oder was auch immer in jener Ebene als Zeiteinheit galt.

Der Teufel, freundlich, ließ ihn ausschreien.

„Schön", zeigte sich Lutz nach einem anschließenden deprimierten Schweigen kompromissbereit. „Als Notnagel eben diesen Kaschmir-Knaben." Er dachte: „Ich werde mit zwölf, dreizehn Jahren ausbüxen, in einem Nobelhotel als Portier anfangen, massenweise Trinkgelder abstauben, *nicht* mit reichen Touristen aufs Zimmer gehen und mich in Europa oder Amerika niederlassen, wo ich meine Homosexualität unangefeindet ausleben kann."

„Dafür würde ich dir schon mal viel Glück wünschen, Kumpel", meinte der Teufel, der Lutz' Gedanken gleich seinem himmlischen Pendant lesen zu können schien. „Wir haben hier aber noch das dritte menschliche Exemplar."

Lutz' Gesicht verzog sich zu einem gequälten Grinsen: „Mal raten: Man schickt mich ein paar zehntausend Jahre zurück in der Zeit und ich führe ein Neandertaler-Leben mit allen Schikanen, Mammutjagd inklusive? Und meine Knochen landen später einmal in einem der berühmtesten Museen der Welt?"

„Haha! – Das wäre ja famos!" Der Teufel wischte sich erneut eine Lachträne aus dem Augenwinkel. „Zeitreisen machen wir allerdings nicht. Und für die Ansiedlung von Menschen auf erdähnlichen Planeten ist es noch ein klitzeklein wenig zu früh."

„Ich werde gezeugt, aber dann abgetrieben, und mein Mini-Minikörper wird für Experimente zur Verfügung stehen?" Lutz' Stimme spiegelte erneut seine negativsten Gefühle wider.

„Keine Sorge, in so einem Fall hätten entweder ich oder der

‚Kollege', wie du ihn nennst, dich gleich wieder hier. Nein, Fall drei ist kein Kurztrip." Der Teufel holte übertrieben tief Luft. „Königliche Hoheit ..."

„Häh?"

„Na, klingt das nicht spaßig? Fototermine gleich ab dem zweiten Tag deiner Existenz, Kumpel. Markenklamotten. Heterosexuell wärest du auch, dabei von durchaus harmonischem Aussehen ..."

„Männlich?"

„Sehr männlich ... Also, haha, *eindeutig männlich* und, wie gesagt, heterosexuell. Vielleicht mal so ein Ich-probier's-mal-gleichgeschlechtlich-damit-ich-sagen-kann-ich-hab's-gemacht-Ding irgendwann im Teenager-Alter."

„Irgendwelche idiotischen religiösen Vorschriften? Oder dass ich mit zwanzig eine schielende 150-Kilo-Frau zu heiraten habe, weil eine Bürgerliche nicht ins Protokoll passt?" Doch diesmal klang Lutz' Stimme scherzhaft; der Teufel und er waren jetzt Verbündete, ähnlich wie ein Reisebüroangestellter und ein etwas schwer zufriedenzustellender Kunde.

„Haha!" Beinahe hätte der Teufel ihm auf die astrale Schulter geklopft. „Du kannst witzig sein, wenn du nicht so verkrampft bist, Kumpel! – Du würdest in Europa landen; so ein paar kleine protokollarische Zugeständnisse ... Du verstehst: keine Rosen ohne ein paar Dörnchen. Also insgesamt echt behaglich."

„He! Nicht taub, nicht blind, nicht blöd, nicht gelähmt: das will ich noch mal klarstellen!" Lutz' Stimme war wiederum etwas angespannt.

„Aber nein, aber nein! Nicht, dass sich nicht die beste Ärzteschaft darum prügeln würde, dich zu behandeln, aber: nein. Vom Gehör bis zur Abwesenheit von Senk- und Spreizfüßen alles einwandfrei. Mit fünfzig beginnende Kahlköpfigkeit, die jedoch optisch nie unangenehm wirken wird ..."

„Ich stehe hoffentlich nicht auf Kinder oder Tiere?"

„Ein Heterosexueller mit untadeligem Lustempfinden, um es ganz klar zum Ausdruck zu bringen."

„Gibt es zu diesem Prachtexemplar von Mensch irgendwo sonst was Kleingedrucktes?" Lutz schwankte zwischen Belustigung und sich zu einer Panik entwickelnden Nervosität. Es war so leicht gewesen, Lutz Heinrich Schmidt geworden zu sein, man hatte ihn sozusagen blind aus der Lostrommel gefischt – und jetzt musste er alles alleine tun. Was, wenn er sich jetzt doch vergriff in der Wahl seiner zukünftigen Existenz? War der untadelige royale Sohn nicht womöglich doch eine Niete? Sollte er sich für den Kaschmir-Jungen entscheiden? Sein körperloser Kopf begann zu schmerzen.

„Ja, die Qual der Wahl; an diesem Ausdruck ist schon was dran", war sich der Teufel sichtlich im Klaren darüber, was Lutz gerade durchmachte.

„Halt! Stopp! Mir ist noch etwas eingefallen!" Lutz spie die Worte förmlich aus: „Werde ich etwa ein Diktator? Ein Menschenschinder? Ein Schlächter?"

„Was dagegen?"

„‚Was dagegen??‘"

„Wir können dich doch unmöglich denen da oben überlassen. Mensch, Lutz …!"

„Löse ich den Dritten Weltkrieg aus?"

„Dritter Weltkrieg? – Ähm – nein. Es wird so einiges auf dein Konto gehen, denn als Kind ist man bedauerlicherweise so beeinflussbar, aber du hast nur das Potential zu einem Durchschnittsdiktator."

„Ich habe keine humanen Ratgeber? Was ist mit meinen royalen Eltern? Sind das etwa die Totalversager?"

„Mann, Mann, Mann, du willst wirklich jedes Detail wissen, oder? – Sieh's doch mal positiv: reich, gutaussehend, nicht religiös verwirrt …"

„Aber dafür ideologisch verwirrt?!"

„Aber nein, du verstehst lediglich keinen Spaß, wenn es ums Geld geht …"

„Ich bringe Menschen um wegen Geld, das ist doch beknackt!", so Lutz. „Wie ist das überhaupt mit dem freien Willen?", haschte er alsdann nach einem potentiellen Rettungsanker. „Ich werde auf die richtigen Leute hören, mich von Drogen fernhalten, mir täglich darüber klar sein, wie gut ich es habe, et cetera!"

„Du bist schon wieder so angespannt." Der Teufel klang ein wenig beleidigt. „Vielleicht möchtest du doch noch einmal über die Kaschmirziege nachdenken?"

„Gibt es in der Nähe, wo der Kaschmir-*Junge* zur Welt kommen wird, eine Busstation? Eine Chance, von dort in Richtung nächster Stadt wegzukommen?"

„Wegen zweier heftiger Erdbeben fünf Tage Fußmarsch bis zum nächsten größeren Dorf, und das während der für dich entscheidenden Zeit zwischen deinem dreizehnten und siebzehnten Lebensjahr; bedaure."

In Lutz' Kopf brauste es. „Diese gelähmte Kandidatin …"

„Jaaaa?"

„Die Eltern sind gutsituiert? Liebevoll?"

„Ich würde mich drum reißen, als deren Kind geboren zu werden", schwärmte der Teufel.

Lutz fühlte seinen nichtphysischen Körper schwitzen. „Hätte ich als royales Kind Zugang zum Internet, zu guten Büchern?"

„Zum Internet, zum Nachfolger des Internets, zu Büchern, Comics und so weiter ohne Ende. Du kannst dich schlaumachen bezüglich der ganzen – angeblich – moralisch Hochstehenden: von Jesus über Buddha; Sim, Sala und Bim; den Dalai Lama bis hin zu den bis dato unbekannten. Und deine allererste Erzieherin ist von entzückend hohem Ethos. Und dabei auch noch recht gutaussehend."

„Ich werd' euch sowas von verarschen", sagte Lutz. „Ihr kriegt mich *nicht* für eure Hölle!"

Der Teufel verdrehte die Augen. „Du könntest dich mutig für den Kaschmir-Jungen entscheiden. Oder für das Streifenhörnchen. Oder –"

Lutz schnaufte. „Ich finde euch zum Kotzen! Dich und den Anderen! – Apropos: Wo sind eigentlich die anderen Menschen, die sich durch *ihren* ganzen Reinkarnations-Entscheidungsscheiß durchwühlen müssen?"

„Die Anderen wühlen nicht, die machen die Rutschbahn: Sie steigen unten oder oben ein, und dann sausen sie rauf oder runter in die nächste Reinkarnation, je nachdem, wie sie sich zuvor angestellt haben. Ist so ähnlich wie die Lostrommel-Sache ganz am Anfang, wenn die Seele noch taufrisch ist."

„Das Ganze hier passiert mir also nur, weil ich sozusagen dazwischenstecke?"

„Das passiert in der Tat nicht allzu oft. Normalerweise schlägt das Pendel immer ein wenig mehr in die eine oder in die andere Richtung aus. Aber sieh es mal so: Nur ganz Wenige dürfen wählen wie du!"

„Wie viel Zeit ist eigentlich inzwischen vergangen?", fiel Lutz auf einmal ein.

„Seit deinem Exitus als Lutz Heinrich Schmidt? Ooooch: zehn Jahre, dreizehn Wochen, vier Tage, zwei Stun…"

„Ist okay!" Lutz fühlte sich müde, erschöpft, weinerlich. „Ich werde ein guter Mensch sein!", stellte er fest.

„Von mir aus." Der Teufel zuckte die Achseln. „Ist nicht so, dass ich heulen werde, wenn wir uns nicht wieder über den Weg schweben werden. – Tu dein Möglichstes."

„Das hört sich gut an", so dachte Lutz.

„Den Königsknaben also?", fragte der Teufel, nun wieder in einem eindeutig freundlichen Tonfall.

„Den Königsknaben", stimmte Lutz zu.

„Bä-hä-hä-häääh!" Die Ziege streckte ihm neugierig die flauschige Schnauze entgegen. „Bäää-ä-ä-äääh!"

„Keine Angst, Königliche Hoheit, das Tier ist vollkommen harmlos; du kannst sie streicheln."

Patschhand auf die Stelle zwischen den nicht mehr existenten Hörnern gelegt.

„Das ist eine Kasch-mir-ziege, Königliche Hoheit."

„Asch-m…"

„Kasch-mir-zie-ge!"

Die Ziege glotzt den kleinen Prinzen Michel an. Bevor diesem der Schnuller in den kleinen Mund geschoben wird und er den Anflug seines Mittagsschlafes stärker zu spüren beginnt, nimmt sein eindreivierteljähriges Ich die Gegenwart seiner hinter ihm stehenden Erzieherin Miriam Coll nochmals auf wohltuende Weise wahr, und er fühlt sich behütet und warm.

Gerührt betrachtet Madame Coll den Kleinen – und dann den Mann, der auf der anderen Seite des Ziegengeheges kniet – von den Bodyguards seiner kleinen Königlichen Hoheit sichtlich als harmlos eingeschätzt – und mit seiner in etwa vierjährigen Tochter, einem kleinen Dämchen im vornehmen Mäntelchen, spricht. Der Mann erhebt sich, lächelt. Lächelt ihr dann ganz unverhohlen zu. Im Schein der langsam untergehenden Sonne nehmen seine ohnehin schon roten Haare an farblicher Intensität zu. Sie fühlt sich beglückt. Sollte sie –

„Wir müssen jetzt gehen, Madame Coll", raunt ihr einer der Bodyguards von hinten zu. „Um achtzehn Uhr zuhause, so hieß es."

„Ja", meint sie, versonnen.

Der Herr von gegenüber scheint das Genuschel zwischen ihr und dem Leibwächter verstanden zu haben; er deutet auf seine Rolex, welche er per Zurückziehen seines Ärmels unaufdringlich hergezeigt hat, und formt mit den Lippen Worte, die wie auf Engelsschwingen an Miriam Colls Ohr – und nur an *ihr* Ohr! – dringen: „Übermorgen um elf Uhr Vormittag hier!"

„In Ordnung", bewegt sie selbst, lautlos, die Lippen.

Sie dreht sich um.

Das kleine Mädchen mit den elegant frisierten, dennoch leicht staubig anmutenden Locken blickt zu ihrem rothaarigen Gefährten auf, der immer noch charmant in Richtung Kindshüterin schaut, die längst mit Seiner Königlichen Hoheit, Prinz Michel Louis François Merloin, und dessen Leibwächtern in einen gepanzerten Wagen eingestiegen ist.

„Ich muss mal!", sagt die Kleine laut und kräftig.

Ihr rothaariger Papa seufzt. „Was habe ich mir nur bei dieser Wette gedacht?", sinniert er hörbar.

„Denk an den Spaß, den wir haben werden", entgegnet die Kleine. „Und: Wenn ich nicht durchaus Lust hätte, diesen Supermarkt-kassiererin-verehrenden-lebensgleichgültigkeitsversagend-und-dann-überengagiert-Liebeslieder-komponierenden-royalen-Zie-genfreund wiederzusehen –"

„Ich werde dir schon alle seine neuesten Schandtaten erzählen, wenn ich die Wette gewonnen haben werde", tröstet sie ihr Vater mit unechter Freundlichkeit.

„Dito. Und jetzt muss ich pinkeln! – Übrigens: Halte dich ran bei Madame Coll. Ich habe es dir noch nicht verraten, aber ich wachse sehr schnell, bin sehr frühreif und – ich bin bisexuell."

Der Teufel grinst amüsiert: „Du bist mir aber einer. – So, und jetzt auf zur Toilette."

Zur Autorin: Ingrid Becker (51)

Wo sind Sie geboren und/oder aufgewachsen?

Ich bin in Stuttgart geboren und aufgewachsen.

Was beschäftigt Sie außer der Literatur – z. B. beruflich?

Außer dem Schreiben gilt mein Interesse den Sprachen: der eigenen und Fremdsprachen.

Was ist das Besondere an den Texten, die Sie schreiben?

Das Unvorhersehbare in ihnen.

Ein kurzes Statement: In unsicheren Zeiten können Bücher ...

trösten.

Welches Buch hat Sie zuletzt begeistert?

„If Beale Street Could Talk" von James Baldwin.

Robin Dietz

Der Hinterhofflohmarkt

Die Geschichte einer Zumutung
und deren rabiate Auflösung

Es gibt ein paar Familien und auch Rentner in meiner Nachbarschaft. Meine Nachbarn sind aber zum größten Teil faule Studenten. Und wenn sie auch faul sind, dann sind sie ja doch nie zu faul,
um einem nicht doch das Leben zur Hölle zu machen; wenn sie
überhaupt etwas tun, diese Studenten, ist es ja nur das, nämlich:
einem das Leben zur Hölle zu machen. Überhaupt sind alle meine
Nachbarn nur dazu da, einem das Leben zur Hölle zu machen.
Letztens habe ich wieder eine Nachbarin getroffen, die mich sogleich angesprochen hat, nur um mir das Leben wieder einmal zur
Hölle zu machen. Da läuft sie nicht nur schnurstracks auf mich zu
und sagt mir auch noch in besonders freundlichem Ton *hallo*,
sondern fragt auch noch ganz hinterhältig, wie es mir geht. Wie es
mir geht, hat sie mich gefragt. Sie weiß doch ganz genau, dass es
mir hier schon lange nicht mehr gut geht, ja, schon lange gar nicht
mehr gut gehen kann. *Dir geht es wohl zu gut,* ist mir da gleich eingefallen und *Schlampe* ist mir da gleich eingefallen. Aber gesagt
habe ich ihr das ja nicht. Ihr werde ich ja wohl am wenigsten verraten, was mir so alles einfällt. Aber was ihr einfällt, musste ich
denken. Sie hat mich gefragt, ob ich nicht an einem Hinterhofflohmarkt teilnehmen wolle. Dass überhaupt einer stattfindet, so ein
Hinterhofflohmarkt, das habe ich gar nicht gewusst und sie tat gerade so, als wüsste hier einfach jeder, dass ein solcher Hinterhofflohmarkt stattfindet und erdreistet sich dann auch noch zu
fragen, ob ich nicht auch teilnehmen wolle an einem solchen Hinterhofflohmarkt. Ich habe sie natürlich einfach dastehen lassen

und bin sofort in meine Wohnung, da habe ich mir meinen kleinen Hund auf den Arm geschnappt und bin mit meinem kleinen Hund sofort zur *Nachbarin von neben mir* und mein kleiner Hund hat ja sofort die Situation besonders gut verstanden und hat gar nicht mehr aufgehört zu bellen, wie ich da bei meiner *Nachbarin von neben mir* vor der Tür stehe. Mein kleiner Hund weiß ja nur zu gut darüber Bescheid, wie es ist, wenn die Nachbarn einem das Leben zur Hölle machen. Und da habe ich die *Nachbarin von neben mir* gleich zur Rede gestellt und sie konfrontiert mit dem Hinterhofflohmarkt und dass sie einem ja stets das Leben bloß zur Hölle macht. Meine Nachbarin tat ganz verdutzt und sagte, sie wisse ja von dem Hinterhofflohmarkt und teilnehmen werde sie auch am Hinterhofflohmarkt und dass ich etwas dagegen habe, das könne sie überhaupt nicht verstehen, eine ganz tolle Sache sei das doch, der Hinterhofflohmarkt. Da habe ich sie einfach stehen lassen und bin zu dem *alten Herr die Treppen hoch*, der seit langem über mir wohnt. Und sogar der *alte Herr die Treppen hoch* wusste von dem Hinterhofflohmarkt, nur teilnehmen werde er nicht der *alte Herr die Treppen hoch*, aber am Hinterhofflohmarkt etwas einzuwenden habe er auch nichts, der *alte Herr da die Treppen hoch*. Da bin ich sogleich weiter die Treppen hoch und habe an die Tür bei den *Studenten von unterm Dach* geklopft. Und als der faule *Student von unterm Dach* die Tür öffnet, erspähe ich doch sogleich einen alten Plattenspieler bei ihm im Flur, den er ja bloß auf dem Hinterhofflohmarkt verkaufen kann, was er denn sonst damit wollen würde mit seinem Plattenspieler, habe ich ihn gefragt, den könne er doch bloß auf dem Hinterhofflohmarkt verkaufen wollen und da habe ich ihm sogleich gesagt, dass er das vergessen kann, da einfach seinen Plattenspieler verkaufen zu wollen, das kann er vergessen, habe ich gesagt, deinen Plattenspieler verkaufst du da nicht auf dem Hinterhofflohmarkt. Bloß blöd geguckt hat er, bloß blöd angeguckt hat er erst mich und dann meinen kleinen bellenden Hund und dann hat er wieder mich bloß blöd angeguckt als ich ihm gesagt habe, dass er sich unmittelbar zu rechtfertigen hat. Da hat er meinen Hund wieder blöd angeguckt. Aber meinen kleinen bellenden Hund lasse ich mir schon einmal gar nicht blöd angucken. Da habe ich ihn einfach stehen lassen, den *Studenten von unterm Dach* und bin sogleich zu dem Nachbarhaus gelaufen und habe die Klingeln gedrückt und die Nachbarn auf den Hinterhofflohmarkt hingewiesen. Jeder wusste ja von dem Hinterhofflohmarkt und einige hatten sogar vor, teilzunehmen an dem Hinterhofflohmarkt, das muss man sich einmal vorstellen, habe ich mir gedacht, sie machten einem das Leben bloß zur Hölle, wenn sie da das Wort *Hinterhofflohmarkt* so ganz unbedacht verwendeten und auch noch strahlten, wenn sie das Wort *Hinterhofflohmarkt* aussprachen, was ich denn gegen einen Hinterhofflohmarkt haben würde, haben sie mich auch noch gefragt und mich dabei sogar angestrahlt, wenn sie allen Ernstes von mir wissen wollten, was ich gegen einen Hinterhofflohmarkt einzuwenden hätte. Alle Nachbarn aus allen vier Häusern habe ich stehen lassen müssen als sie meinen kleinen bellenden Hund bloß blöd angeguckt hatten. Aber die *indische Familie von nebenan* hat ja mich ganz blöd angeguckt. Als ich der *indischen Familie von nebenan* vom Hinterhofflohmarkt berichtet habe, da wollte die *indische Familie von nebenan* erst einmal wissen, was so ein Hinterhofflohmarkt überhaupt ist und wo denn ein Hinterhofflohmarkt überhaupt stattfände, etwa gleich nebenan?, hat die *indische Familie von nebenan* gefragt und wann der Hinterhofflohmarkt überhaupt stattfinden würde, wer denn mitmache beim Hinterhofflohmarkt, ob man denn mitmachen könne beim Hinterhofflohmarkt, da hatte ich wirklich genug vom Hinterhofflohmarkt, da hatten sie mir das Wort *Hinterhofflohmarkt* aber ganz schön oft an den Kopf geworfen, da musste ich erst einmal nach Hause und mich meines kleinen bellenden Hundes entledigen. Mein kleiner Hund war ja vom Bellen schon ganz heiß gelaufen. Aber zur Ruhe sind wir ja beide nicht gekommen. In meiner Nachbarschaft kommt man ja nie zur Ruhe. In meiner Nachbarschaft machen sie einem ja bloß das Leben zur Hölle. Erst hört man ja die ganze Zeit nichts vom

Hinterhofflohmarkt und plötzlich spricht man dann ununterbrochen und überall vom Hinterhofflohmarkt und wenn man sich dann versucht dem Hinterhofflohmarktgerede zu entziehen, drohen sie einem bereits mit dem Hinterhofflohmarkt, indem sie einfach anfangen, draußen im Hinterhof die Tische aufzustellen. Aber reden vom Hinterhofflohmarkt tun sie nicht, diese Hinterhältigen, Faulen; wenn sie nämlich die Hinterhofflohmarkttische aufstellen, reden sie ja gar nicht vom Hinterhofflohmarkt, sondern bauen bloß die Hinterhofflohmarkttische auf. Und wie faul sie auch sonst sind, plötzlich stellen sie die Hinterhofflohmarkttische besonders fleißig auf, um mir das Leben zur Hölle zu machen. Ich habe sofort das Fenster aufgerissen und sie zur Rede gestellt. Sie würden bloß Tische aufstellen, haben sie gesagt, aber dass sie eigentlich die Tische für den Hinterhofflohmarkt aufstellten, das haben sie nicht gesagt, dass sie ja eigentlich Hinterhofflohmarkttische aufstellen, das haben sie sich ja nicht getraut zu sagen. Sie machen einem das Leben ja bloß zur Hölle, habe ich der Frau vom Amt gesagt. Die Frau vom Amt hat aber gesagt, dass sie gar nicht zuständig sei für einen Hinterhofflohmarkt. Da habe ich sofort alle Ämter durch- und abtelefoniert, aber alle haben mir ja bloß das Leben zur Hölle gemacht. Immer wieder haben die Frauen von den Ämtern gesagt, dass ihr Amt für einen Hinterhofflohmarkt ja gar nicht zuständig sei und wie sehr ihnen in der Sache *Hinterhofflohmarkt* die Hände gebunden seien. Ja, habe ich gesagt, Ämter sind ja heute für überhaupt gar nichts mehr zuständig und stets sind ja den Ämtern in allen Sachen die Hände gebunden außer wenn sie einem mal wieder das Leben zur Hölle machen wollen, dann sind den Ämtern die Hände gar nicht gebunden und da sind ja plötzlich die Ämter wieder zuständig und kompetent. Im Leben-zur-Hölle-machen wissen ja die Ämter am allerbesten Bescheid wie ja auch die Nachbarn im Leben-zur-Hölle-machen am allerbesten Bescheid wissen. Eine Frau vom Amt hat sogar genau das Gleiche gesagt wie eine Nachbarin. Die Frau vom Amt hat ja gesagt, dass das doch auch eine tolle Gelegenheit sei, einmal ganz unverbindlich alle Nachbarn kennenzulernen. Nein, die Nachbarn habe ich ja schon alle kennengelernt mit ihrem Hinterhofflohmarkt, die sollen mich aber mal kennenlernen, habe ich der Frau vom Amt gesagt und sie sogleich mit dem Hörer zusammen in die Station eingeschlagen. Die machen einem das Leben ja bloß zur Hölle, habe ich mir gedacht und sofort den Veranstalter vom Hinterhofflohmarkt rausgesucht und dem Veranstalter vom Hinterhofflohmarkt einen Besuch abgestattet, indem ich meinen kleinen Hund auf den Arm geschnappt habe, der sofort wieder angefangen hat wie wild zu bellen. Beim Veranstalter vom Hinterhofflohmarkt ist mir ja erst das Ausmaß vom Hinterhofflohmarkt bewusst geworden. Der Hinterhofflohmarkt finde ja nicht nur in meinem Hinterhof statt, sondern finde ja prinzipiell in allen Hinterhöfen des Martinsviertels mit dem Motto *Fundstück auf'm Grundstück* statt. In meinem Martinsviertel findet überhaupt gar kein Hinterhofflohmarkt statt, habe ich den Veranstaltern vom Hinterhofflohmarkt gesagt und schon gar kein Hinterhofflohmarkt mit dem Motto *Fundstück auf'm Grundstück*. Die Eigentümer in meinem Hinterhof sind ja gänzlich abgeneigt an einem Hinterhofflohmarkt teilzunehmen und sind ja entschieden gegen die Teilnahme am Hinterhofflohmarkt eingestellt. Ganz stolz hat mir dann aber der Veranstalter vom Hinterhofflohmarkt die Standortliste vom Hinterhofflohmarkt präsentiert und mir die Standortliste vom Hinterhofflohmarkt in die Hand gedrückt mitsamt dem Ortsplan vom Hinterhofflohmarkt und mir weismachen wollen, wie positiv doch die Resonanz am Hinterhofflohmarkt sei und dass ich die Einzige sei, die sich jemals überhaupt über den Hinterhofflohmarkt beschwert habe. Dann hat mir der Veranstalter vom Hinterhofflohmarkt gesagt, dass man mir entgegenkommen wolle, indem man mir großzügig anbietet, ich könne am Hinterhofflohmarkt teilnehmen, ohne eine Standgebühr zahlen zu müssen. Da habe ich den Veranstalter vom Hinterhofflohmarkt vielleicht angeguckt. Man wolle mir ja wirklich nur entgegenkommen, hat der Veranstalter vom Hinterhofflohmarkt gesagt. Da hat mein Hund vielleicht gebellt. Da bin ich dem Veranstalter aber entgegengekommen, da habe ich dem Veranstalter vom Hinterhofflohmarkt seine Standortliste mitsamt seinem Ortsplan um die Ohren gehauen und habe ihn einfach da stehenlassen. Das war vielleicht eine Frechheit, die sich der Hinterhofflohmarktveranstalter hat einfallen lassen. Sie machen einem das Leben ja nur zur Hölle. Und da bin ich also wieder zurück in meinen Hinterhof und sehe, dass sie überall Luftballons aufgehängt haben und sogar Schilder und bunte Bildchen überall aufgehängt haben und alle Tische hatten sie überall hingestellt und die Tische hatten sie alle mit ihrem Krempel vollgestellt und sich gegenseitig ja überall versichert, wie toll es sei, dass man sich ganz unverbindlich einmal hier kennenlernen kann. Und als ich an ihnen vorbeigehe, da bieten sie mir plötzlich auch noch Kuchen an und ein kleiner Studentenschnösel liest eine Geschichte über einen Hinterhofflohmarkt vor. Mein Hund hat vielleicht gebellt. „Also so etwas", habe ich gesagt. Ich habe sofort alle Hinterhofflohmarktmachenden zur Rede gestellt und ihnen gesagt, dass der Hinterhofflohmarkt nicht genehmigt sei, die Eigentümer am Friedrich-Ebert-Platz möchten den Hinterhofflohmarkt nicht, der Hinterhofflohmarkt am Friedrich-Ebert-Platz ist unverzüglich abzubrechen und der Platz am Friedrich-Ebert-Platz ist zu räumen, sonst platze ich. Überhaupt möchte ich ausgerechnet heute einmal in Ruhe auf der Wiese mit einer Decke liegen und ausgerechnet heute kann ich schon gar nicht in Ruhe auf der Wiese mit einer Decke liegen. Die haben mich bloß blöd angeguckt. Ich habe ihnen alles gesagt und mein Hund hat gar nicht mehr aufgehört zu bellen, das hat den vielleicht mitgenommen, meinen kleinen Hund, der war vielleicht heiß gelaufen. Ich bin sofort rein in meine Wohnung und habe mich meines Hundes entledigt. Aber zur Ruhe sind wir beide ja nicht gekommen. Ich habe mich hingesetzt und habe Schilder basteln müssen, auf die ich geschrieben habe, dass der Hinterhofflohmarkt nicht geduldet ist; in meinem Hinterhof ist ein Hinterhofflohmarkt nicht geduldet und also habe ich mir meinen Hund unter den Arm geschnappt und die Schilder überall in meinem und um meinen Hinterhof aufgehängt und habe nicht zugelassen, dass Hinterhofflohmarktbesucher um meinen Hinterhof herum in meinen Hinterhof eindringen. Das hat ja alles nicht für Einsicht gesorgt. Und mein kleiner Hund hat gebellt, was hat der gebellt, der war ja wieder ganz heiß gelaufen. Ob man denn zu bescheuert ist, die Schilder zu verstehen, habe ich gebrüllt. Da hat das Studentenkerlchen mit der Hinterhofflohmarktgeschichte mich sogleich angegangen, nimmt es doch tatsächlich eines meiner Schilder und faltet es zusammen und wirft mir vor, dass ich selbst ja zu bescheuert sei, Schilder zu lesen und immer meinen kleinen Hund auf die Wiese führe, auf der ein Schild stehe, das sei keine Hundewiese, den habe ich vielleicht angebellt und zusammengefaltet bis sie plötzlich alle nach der Polizei geschrien haben. Das könnt ihr haben, habe ich mir gedacht und sogleich mit meinem bellenden Hund nach der Polizei gerufen. Das Studentenkerlchen mit seiner Hinterhofflohmarktgeschichte hat dann gesagt, dass ihm da jetzt was eingefallen sei, zu seiner Hinterhofflohmarktgeschichte, dass Himmel und Hölle ja nur von den Menschen gemacht sei, Himmel und Hölle machen ja nur die Menschen, hat das Studentenkerlchen gesagt und ich habe dem Studentenkerlchen *ja* gesagt, die Menschen machen Himmel und Hölle, habe ich dem Studentenkerlchen gesagt und nach der Polizei geschrien. Und als die Polizei dann kam, hat ja die Polizei gleich wieder eine Wahnsinnstat vollbracht, weil sie bloß einen einzigen Polizisten geschickt haben, der natürlich wieder gar nicht Herr der Lage werden konnte. Und viel wahnsinniger war das ja noch, dass der Polizist in einer Art Wahnsinnstat sich sogleich auf die Seite der Hinterhofflohmarktmachenden gestellt hat, da musste ich ihn einfach einen Nazi nennen, denn die machen ja allen das Leben immer zur Hölle. Der Polizist könne gar nicht verstehen, was an dem Hinterhofflohmarkt so schlimm sei, das ist vielleicht schlimm, habe ich dem Polizisten gesagt und ihn einen Nazi genannt. Für nichts fühlte der Polizist sich zuständig, außer für mich und zuständig dafür, mir und meinem kleinen bellenden Hund das Leben zur Hölle zu machen. Da bin ich sofort in meine Wohnung rein und habe den Hund in die Ecke geschleudert, habe sofort Tische draußen aufgestellt, habe meinen Hund in den Arm geschnappt, der sogleich wieder angefangen hat wie wild zu bellen, habe die Tische dekoriert und einfach den ganzen Tag alle Einrichtungsgegenstände und überhaupt alles aus meiner Wohnung und dem Keller und dem Dachboden mitsamt meinem bellenden Hund einfach weggeschenkt. Die haben gar nichts mehr verkauft auf ihrem Hinterhofflohmarkt, niemand hat sich mehr an die Stände von ihrem Hinterhofflohmarkt gestellt. Die haben mich vielleicht kennengelernt, denen habe ich die Hölle heiß gemacht.

Zum Autor: Robin Dietz (54)

Wo sind Sie geboren und/oder aufgewachsen?	Geboren in Frankfurt am Main, aufgewachsen in Neu-Isenburg, weitergelebt in Darmstadt.
Was beschäftigt Sie außer der Literatur – z. B. beruflich?	Als Lehrer gescheitert, arbeite ich jetzt als Teilhabeassistenz, eine tolle Arbeit!
Was ist das Besondere an den Texten, die Sie schreiben?	Der Blick richtet sich meist überall dorthin, wo Menschen sich behaglich eingerichtet haben, was dann kurz beschrieben wird, um in der Folge dekonstruiert zu werden.
Ein kurzes Statement: In unsicheren Zeiten können Bücher …	genauso wenig oder viel wie in sicheren Zeiten.
Welches Buch hat Sie zuletzt begeistert?	„Stillleben" von Antonia Baum.

Gerd Henze
Nächster Halt Wenzelsmühle

Ein Transporter hielt auf der äußerst rechten Fahrspur und ein Paketbote stieg aus. Er öffnete die hinteren Türen und trug einen Stapel Kartons in ein Fahrradgeschäft. In den Etagen über den Schaufenstern der Läden hatten sich Anwaltskanzleien, Arztpraxen, die Schüler-Nachhilfe und andere Dienstleister breitgemacht – kein Mensch wohnte mehr in der Stadt. Das Rolltor zwischen zwei Geschäften surrte hoch. Ein kurzes, sattes Hupen nagelte Ralph ans Pflaster und ein Porsche mit heruntergelassenem Verdeck schnitt seinen Weg. Ein gebräunter, glattrasierter Mann mit Sonnenbrille und dunkelblauem Anzug lenkte den Wagen gleichgültig in die Tiefgarage. Eigentlich hätte sich Ralph längst daran gewöhnen müssen. Kaum hatte er Fahrt aufgenommen, kam jemand und bremste ihn aus.

Die Tische auf dem Platz beim Brunnen waren fast alle besetzt. Eine junge Bedienung trug Kuchen zu den Gästen. Der Laden lief gut. Der Besitzer war stets froh gelaunt und lächelte viel. Die Kinder merkten gleich, dass sie sich nicht vor ihm fürchten mussten. Er winkte seiner Frau hinterher. Sie trug einen hellen Sonnenhut. Sie ging immer noch gern auf die Krankenstation, obwohl sie eigentlich nicht mehr arbeiten musste. Sie drehte sich um und warf ihrem Mann einen Kussmund zu. Ralph wollte weitergehen, doch er fürchtete den ersten Schritt. Der raue Belag schmirgelte unter seinen Ledersohlen, als er den Fuß vorschob. Die Frau hatte ihn nicht bemerkt. Ihr Blumenkleid flatterte in der warme Brise fröhlich um ihre Knie herum. Sein Kopf eilte voraus, doch die Beine versagten ihren Dienst. Jetzt wandte sie sich der Einkaufspassage zu. Schweiß sammelte sich in seinen Stirnfalten. Er biss die Zähne aufeinander und holte den zweiten Fuß vor. Au, verdammt! Ein harter Stoß traf seinen Oberschenkel. Ein kleiner Junge auf einem Laufrad torkelte kreischend davon. Die Mutter lächelte ihn abgelenkt an und rannte dem hellblauen Helm, auf dem ein bunter Drache Feuer spie, hinterher. Die Frau mit dem Sonnenhut beugte sich zu dem Jungen hinunter und drückte ihm einen Kuss auf die Wange. Ralph war auch schon Opa, doch das wusste sein Enkel nicht. Die Frau schaute rüber. Der Hut warf einen Schatten auf ihr Gesicht. Sie trug die Haare jetzt offen.

Ralph drehte sich weg und schlüpfte hinter den gläsernen Windschutz. Er tupfte sich mit einem Taschentuch die Stirn und richtete das weiße Oberhemd. Eine Bank gab es hier nicht. Die Busse hielten im Zehn-Minuten-Takt, da lohnte das Setzen nicht. Er starrte in die leeren Gesichter der Wartenden. Glücklich sah keiner von ihnen aus. Er war zumindest zufrieden – so wie die vielen anderen, die ihr Leben vor sich herschoben, bis sie plötzlich merkten, dass das Wenige, das sie hinter sich hatten, mehr war, als das, was sie noch zu erwarten hatten. Glück war nur eine Einbildung, mit der man die Strapazen des Daseins rosarot übertünchte. Und dennoch …

Der Bus hielt, aber niemand rührte sich. Er knöpfte das Hemd am Kragen auf, das Schlucken fiel ihm schwer. Gleich würde der Fahrer Gas geben und wieder losfahren. Ein junger Mann, Baseballkappe und Ohrstöpsel, raste auf einem E-Roller direkt auf den Bussteig zu. Nur noch ein paar Meter und er war bei ihm. Seine Knie schlotterten plötzlich und sein Atem rannte ihm davon. Ralph kniff die Augen zu und sprang aufs Trittbrett.

Zischend schlossen sich die Falttüren in seinem Rücken und er atmete tief durch. Der Motor brummte sonor vor sich hin und die Schwingungen unter seinen Füßen glätteten sein aufgewühltes Gemüt. Ganze drei Plätze waren besetzt. Nicht jedes Leben war vollgestopft. Er ging durch den schmalen Gang nach hinten. Die Fahrgäste warteten geduldig auf die Weiterfahrt. Vorn rechts rieb sich eine junge Frau die Augen. Sie trug ein farbenfrohes Kleid aus weichem Stoff, der, selbst am Haken in einem engen Spind aufgehängt, nicht knitterte. Sie hatte die Haare mit einer breiten Klammer hochgesteckt. Unten an einem Kunststoffriemen baumelte ein Ausweis, der ihr Gesicht über dem Kragen eines hellblauen Kittels zeigte. Um ihren Zeigefinger herum klebte ein braunes Pflaster. Ihre Nägel waren gepflegt, aber nicht lackiert. Einer war am Nagelbett blau. Sie lächelte ihn an, aber nicht so, wie eine Empfangsdame am Hoteltresen die Gäste begrüßt. Nein, sie lächelte ein herzliches, wenn auch erschöpftes Lächeln, das nur eine freundliche Natur in das Gesicht eines Menschen zaubern kann, der zu geben gewohnt ist, ohne etwas dafür zu verlangen, sich aber still und bescheiden nach ein bisschen Anerkennung sehnt – so wie seine Jenny. Warum hatte sie sich damals nicht um ihn gekümmert, als er im Krankenhaus gelegen war? Wo sie doch auch dort arbeitete? Sie hatten ihm eine Maske über die Nase gestülpt, ihn an Schläuche angeschlossen und mit Drähten verkabelt. Sie hatte sich immer mehr um andere gesorgt als um ihn. Er nickte der Krankenschwester zum Gruß zu.

Ein paar Reihen hinter ihr, auf der anderen Seite, streckte ein Mann sein Bein in den Gang aus. Er blätterte in einem großformatigen Lehrbuch. Zwischendurch schielte er über den Seitenrand hinweg zu der Krankenschwester. Als Ralph vor vielen Jahren seine Lehrstelle angetreten war, gab es noch etliche kleine Betriebe und das Handwerk war gefragt. Dann wurde fast nur noch in großen Fabriken gebacken. Er hatte von einem eigenen Café geträumt, in dem er die leckersten Kuchen, Torten und Pralinen der Stadt servieren wollte. Den Meister hatte er nicht gleich an die Gesellenprüfung angeschlossen. Er wollte erst genügend Erfahrung sammeln, weil er den besten Abschluss hinlegen wollte. Wenn man der Beste war, lief der Laden später von ganz allein. Außerdem gab es für einen jungen Mann ja auch noch ein Leben neben der Arbeit. Die Meisterprüfung war anspruchsvoll. Da ging man nicht mal eben so hin und holte sich seine Urkunde ab. Dann lernte er Jenny kennen. Ob der junge Mann dort in der Sitzbank wusste, welche Entbehrungen ihm sein künftiger Beruf abverlangen würde? Eine Gesichtshälfte von Brandnarben verstellt, tat er sich bestimmt schwer, eine Frau anzusprechen.

Ralph schob sich weiter durch den Gang. Ein kleines Mädchen kauerte sich hinter ihren Teddybären, den sie an ihre schmale Brust presste. Eine Schramme an ihrem Knie war fast schon wieder verheilt. Die nackten Füße in den Sandalen reichten kaum bis auf den Boden. Sie kaute nervös an den Nägeln. Augenringe warfen dunkle Schatten auf ihre zarten Wangen, die eigentlich fröhlich rot vom übermütigen Kinderspiel und naseweiser Lebensfreude strahlen sollten. Verängstigt schaute sie zu ihm hoch und rutschte auf den Sitz am Fenster rüber. Was für Eltern hatte dieses bedauernswerte Geschöpf nur, dass sie es mutterseelenallein auf die Reise schickten? Das hätte er seiner Kleinen niemals angetan. Ja, seine Kleine – sie war jetzt erwachsen und konnte auf sich selbst aufpassen. Aber war eine Tochter jemals alt genug, als dass sie ohne ihren Vater auskam? Er würde sie anrufen. Irgendwie würde er ihre Nummer schon herausfinden.

Ralph setzte sich in die letzte Bank. Erst jetzt fuhr der Bus an. Nicht alle Fahrer warteten, bis die neu zugestiegenen Fahrgäste ihre Plätze eingenommen hatten. Viele gaben Gas, bevor man sich überhaupt irgendwo festhalten konnte, so dass man auf weichen Beinen zu seinem Sitz strauchelte. Man konnte es ihnen nicht verübeln, denn sie mussten die Haltestellen entlang der Strecke pünktlich erreichen. Der Druck war enorm. Die Wartenden wurden schnell ungehalten, wenn sich ihr Bus verspätete. Die wenigsten hatten Verständnis, selbst wenn man gerade im dicksten Berufsverkehr steckte, einer Umleitung folgen musste oder es unterwegs einen Unfall gegeben hatte. Er wusste, wovon er sprach. Er fuhr schon seit ein paar Jahren auf dieser Linie, gewöhnlich aber ganz vorn, hinter dem Steuer. Den Kollegen, der heute Dienst hatte, kannte er nicht. Der hatte nur desinteressiert genickt, als er ihm den Betriebsausweis vorgelegt hatte. Dies musste ein neuer Bus sein, denn er hatte dieses Modell noch nie gesteuert. Die Sitze waren sämtlich nach vorn ausgerichtet. Es gab keine platzsparenden Vierergruppen. Manchen Fahrgästen wurde es schlecht, wenn sie gegen die Fahrtrichtung sitzen mussten.

Der Bus ließ die Stadt hinter sich. Er lehnte sich in seinem Sitz zurück, schloss die Augen und lauschte den Bordansagen aus den Lautsprechern. Es war schon ein seltsames Gefühl, diesmal nur Mitreisender zu sein. Wie die anderen Fahrgäste hatte er die Kontrolle über sein Schicksal an einen Fremden abgegeben – für den Moment jedenfalls. Müßig zwar, dafür aber völlig auf sich selbst zurückgeworfen, kam es ihm gar nicht so vor, als bewege er sich durch Raum und Zeit. Vielmehr schien die Welt hinter den großen Fensterscheiben an ihm vorbei zu fliegen.

Er war ein guter Vater gewesen. Selbstverständlich hatten sie sich die Sorge um das Kind geteilt. Seinen Meister konnte er immer noch machen, wenn die Kleine in der Schule war. Er war mitten in der Nacht aufgestanden, hatte sie gewickelt und ihr die Flasche gegeben. Er hatte das gern für Jenny und seine Tochter getan, obwohl er so früh raus musste und trotz der vielen Überstunden.

Ja, und dann passierte auch noch diese unsägliche Geschichte in der Backstube. Ralph drückte die Handballen gegen die Schläfe. Wieder und wieder hatte er seinen Chef darauf hingewiesen, dass der Backofen alt und überholt sei. Als es schließlich kam, wie es kommen musste, und er explodierte, schob man natürlich ihm die Schuld in die Schuhe, nur weil er in dieser Nacht zufällig Dienst hatte. Aufgerieben hatte er sich für den Betrieb. Die Kunden würden es nicht verstehen, wenn er ihn weiter beschäftigen würde, hatte der Chef gemeint.

Der Mann mit den Brandnarben im Gesicht stand auf und tastete sich zu der Krankenschwester vor. Er sprach sie an, dann setzte er sich in die Bank gegenüber und sie unterhielten sich angeregt.

Ralph hatte nie wieder in einer Bäckerei gearbeitet – dafür hatte er jetzt mehr Zeit für die Kleine gehabt. Wenn sie sich nachts fürchtete und Jenny gerade Schicht arbeitete, hatte er sich sogar zu ihr ins Bett gelegt und sie getröstet. Sie hatte oft Angst – auch später noch, als sie größer war. Irgendwann ging sie in einer anderen Stadt zur Schule. Jenny hatte sie mitgenommen. Sie sah mit ihm keine Zukunft mehr. Er hätte ihr viel versprochen und nur weniges davon gehalten. Sie und die Kleine könnten mit ihm nicht mehr glücklich werden. Das musste man erst einmal wegstecken. Kein Wunder, dass es ihm danach nicht so gut ging.

Vor zehn Jahren hatte er die Führerscheinprüfung für den Bus abgelegt. Das Arbeitsamt hatte ihm die Umschulung bezahlt. Als Bäcker und Konditor hatte man ihn nicht mehr unterbringen können. Die Stelle hatte er direkt danach bekommen. Er machte seine neue Arbeit gern. Er war nicht mehr in eine stickige, heiße Backstube eingesperrt und er lernte die Menschen kennen, für die er morgens aufstand. Sie grüßten, wenn sie einstiegen, und er freute sich über ihr Vertrauen, dass er sie sicher ans Ziel brächte.

„Nächster Halt Wenzelsmühle!" Es war so weit. Er blinzelte durch die halb geschlossenen Lider. Solang er diese Strecke als Fahrer bediente, war dort nie jemand ein- oder ausgestiegen. Anfangs war ihm das gar nicht aufgefallen. Wie sollte es auch? Schließlich erregt nur das Aufmerksamkeit, was auch tatsächlich geschieht, und nicht das, was nicht passiert. Er hätte ja auch nicht bemerkt, dass sich auf die Straßenlaterne links vor seinem Küchenfenster noch nie ein Vogel gesetzt hatte, wenn nicht eines schönen Tages doch mal eine Taube dort gelandet wäre. Zugegeben, ein wenig hinkte der Vergleich schon. Der vornehmliche Zweck einer Laterne war ja schließlich, dass sie die Straße beleuchtete und nicht, dass sie Tauben als Landeplatz diente – derjenige einer Haltestelle war aber zweifellos, dass ab und an ein Bus dort hielt. Da das Unterbewusstsein nun einmal nicht toleriert, wenn das Erwartbare partout nicht eintreffen will, klopft es schüchtern beim Bewusstsein an. Folgerichtig war ihm irgendwann dann doch aufgefallen, dass an dieser einen Haltestelle noch nie jemand aus- oder zugestiegen war.

Seitdem lauerte er, immer wenn er sich ihr näherte, darauf, dass einer der Fahrgäste aufstehen und den roten Halteknopf drücken würde. Aufgeregt blickte er dann in den Rückspiegel und suchte in den Gesichtern der Passagiere nach einer Regung zum Aufbruch. Klappte jemand sein Buch zu? Tauchte jemand hinter die Rückenlehne ab, um nach seiner Aktentasche zu greifen? Stellte jemand ein Bein in den Gang aus und presste den Rucksack an den Bauch? Jedes Mal, wenn er wieder nicht zum Halten aufgefordert worden war, schaute er fast schon verzweifelt zum Wartehäuschen, ob nicht wenigstens jemand mitgenommen werden wollte. Fuhr er dann doch wieder einfach nur vorbei, schüttelte er den Kopf und fragte sich, warum man hier überhaupt einen Busstopp angelegt hatte – hier, mitten im Nichts der Wiesen und Äcker. Kein Haus weit und breit, keine Fabrik, kein Gehöft, kein Schuppen, geschweige denn die kläglichen Reste einer Mühle, die dieser Haltestelle ihren Namen vererbt hatte. Nicht einmal ein Feldweg zweigte von der Landstraße ab. Hier sah man nie jemanden arbeiten, außer den riesigen Traktoren und Mähmaschinen, die wie urzeitliche Monster über die Krume zogen, mal um zu pflügen, mal um zu ernten. Der Himmel allein wusste, warum man an diesem von allen guten Geistern verlassenen Ort einen Haltepunkt für den Linienbus eingerichtet hatte. Das Gras rundherum war sauber gemäht, der Papierkorb stets geleert, die Sitzbank frisch gestrichen, der Windschutz nicht beschmiert oder besprüht. Alles nett und sauber, wie es sein sollte, andernorts aber eher die Ausnahme war.

Doch heute würde er dieser Haltestelle ihren Sinn verleihen: Der Bus würde anhalten. Heute hatte er es in der Hand. Er starrte zu seinem Kollegen hinter dem Lenkrad. War ihm die Sinnlosigkeit dieser Bushaltestelle überhaupt schon mal aufgefallen? Wenn ja, würde er ebenfalls nervös in den Rückspiegel schauen und darauf warten, dass hier endlich mal jemand ausstieg? Nein, fast schon apathisch lenkte er das Fahrzeug über die einsame Landstraße. Das Schicksal dieser Haltestelle schien ihn nicht im Geringsten zu interessieren. Vielleicht war er aber nur deshalb so gelassen, weil er tatsächlich schon einmal hier angehalten hatte und diese Haltestelle am Ende gar nicht so besonders war? Wenn dem so war, brachte es dann überhaupt noch etwas, wenn er gleich dort ausstieg? Ob er vorgehen und den Kollegen fragen sollte? Die Klingel vor seiner Nase leuchtete auf. Er strich mit der Fingerspitze über den glatten, gewölbten Kunststoff. Vielleicht würde ja einer der anderen Fahrgäste hier und heute aussteigen wollen? Nein, keine Regung. Niemand von denen da vorn machte sich bereit. Die Krankenschwester und der mit den Brandnarben lachten und scherzten miteinander. Das kleine Mädchen hatte sich zu ihnen gesetzt. Er legte beide Hände in den Schoß und drehte die Daumen. Nur noch ein paar Hundert Meter, dann waren sie da.

Jetzt musste sich Ralph entscheiden. Der Zeigefinger lag wieder auf dem roten Knopf, drückte ihn leicht, löste das akustische Zeichen aber noch nicht aus. Er konnte auch bis zur Endstation fahren und zusehen, wie er von dort aus weiterkam. Warum zögerte er plötzlich, wo er diesen Moment doch so herbeigesehnt hatte? Sein Finger zitterte, als er schließlich klingelte. Der Busfahrer stoppte, als wäre dies eine Haltestelle wie jede andere auch. Die hinteren Falttüren fuhren zischend auseinander. Ralph schaute noch einmal über die Schulter, doch niemanden schien es zu interessieren, dass hier zum ersten Mal jemand ausstieg. Er zuckte mit den Achseln und tat einen beherzten Satz nach draußen. Die Türen schlossen sich und der Bus ließ ihn zurück.

Die Sonne brannte von einem blauen Himmel herab, über den nur ein paar Schleierwolken zogen. Mit der Hand schirmte er die Augen ab. Weit und breit nichts als Felder mit Korn, Raps und Mais und ein paar gemähte Wiesen, auf denen das geschnittene Gras trocknete. Noch waren die Traktoren und Mähdrescher nicht ausgerückt. Die Sommersonne sollte das vom Morgentau feuchte Getreide wohl erst trocknen, bevor es eingeholt werden würde. Am Straßenrand blühten roter Mohn und blaue Kornblumen. Ein laues Lüftchen spielte mit den Härchen auf seinen Unterarmen. Er streckte die Arme aus und tauchte in ein Kornfeld ein. Die Halme schunkelten im Wind, doch er hörte ihr Rauschen nicht. Erst jetzt fiel ihm die Stille auf. Nicht eine Krähe krächzte aufgeregt vom Himmel und auf dem Boden zirpte nicht eine einzige Zikade. Er roch am Getreide, doch es duftete genau so wenig wie das Heu auf den Wiesen nebenan. Er kratzte sich den Kopf und ging zurück zur Straße. Auf der Bank unter dem Regendach saß ein Sanitäter.

„Darf ich mich zu Ihnen setzen?", grüßte Ralph den Mann.

„Nehmen Sie Platz! Es ist Ihre Bank."

„Ich habe gar nicht gesehen, dass Sie ausgestiegen sind."

„Bin ich auch nicht. Ich war schon immer hier."

„Wo, hier? Da ist doch weit und breit nichts. Was tun Sie denn an diesem verlassenen Ort?"

„Ich habe auf Sie gewartet. Ich wusste, irgendwann würden Sie hier aussteigen."

„Ich kenne Sie doch gar nicht", wunderte sich Ralph.

„Wir sind uns aber schon einmal über den Weg gelaufen. Ich habe damals zusammen mit meinen Kollegen den Lehrling aus der Bäckerei geborgen. Ich musste noch den Defibrillator einpacken, kurz vor der letzten, großen Explosion."

„Der arme Kerl! Ich hatte ihm gesagt, er soll die Gaszufuhr drosseln, sobald die Temperatur erreicht ist. Bei diesen alten Öfen ist das etwas kompliziert."

„Er war erst seit ein paar Monaten dabei."

„Ja, wirklich tragisch das Ganze. Aber ich musste die Lagerbestände überprüfen", erklärte Ralph.

„Um fünf in der Früh? Hätte die hübsche Chefin das nicht allein gekonnt?"

„Sicher, so ging es aber schneller."

„Es hat dann aber doch mehr als eine halbe Stunde gedauert, obwohl Sie zu zweit waren."

„Wir mussten ihren Ohrstecker suchen. Er war zwischen die Säcke gerutscht. Ob der Junge wohl wieder eine Arbeit hat?"

„Es war nicht leicht, mit nur einem Bein, doch er hat sich durchgebissen, hat nie aufgegeben. Jetzt ist er sogar Meister und führt sein eigenes Café. Der Laden läuft gut."

„Das freut mich für den Jungen. Ich hatte mich schuldig gefühlt, weil ich ja Dienst hatte."

„Sie konnten schließlich nicht überall gleichzeitig sein. Unterbesetzt war die Schicht auch."

„Und dann noch die alten Maschinen", nickte Ralph.

„Mit dem Geld von der Versicherung hat der Chef neue angeschafft."

„Hätte er es früher gemacht, hätte das Unglück vermieden werden können."

„Geheiratet hat er auch wieder – die Lagerbestände prüft er nun allerdings selbst."

Ralph kratzte mit der Kante der Schuhsohle kleine Furchen in den Kies. „Ich habe nicht wieder geheiratet. Ich bin meiner Jenny treu geblieben."

„Dann hätten Sie ja auch zur Einschulung Ihrer Tochter gehen können."

„Wollte ich ja!"

„Es hätte ihr bestimmt geholfen, wo sie doch zwei Jahre später dran war als die anderen Kinder."

„Ich weiß nicht so recht ... und außerdem kam das mit meinem Rücken."

„Ja, vielleicht war es wirklich besser so. Dafür war ihr Onkel bei ihr. Er war sehr froh, als sie ihn das erste Mal so genannt hatte. Seine neue Prothese hatte er erst ein paar Wochen vorher bekommen. Es hat lang gedauert, bis das Mädchen nicht mehr geweint hat, wenn er sie von der Schule abholen sollte", erzählte der Sanitäter.

„Er war ein Fremder für die Kleine. Da ist es doch vollkommen normal, dass sie sich gefürchtet hat."

„Er war auch da, als sie ihr Abitur gefeiert hat."

„Ich wäre auch gern dabei gewesen ... wenn ich das Vorstellungsgespräch nur nicht gehabt hätte."

„Ja, dieser Termin hätte sich bestimmt nicht verschieben lassen."

„Nein, das war leider nicht möglich. Sie müssen wissen, es gab viele Bewerber für die Stelle als Busfahrer."

„Der Tag war wirklich ungünstig gewählt. Später hat ihr Onkel sie zum Traualtar geführt. Sie nennt ihn nun Papa. Dass er nur noch ein Bein hat, sieht man so gar nicht mehr. Es war eine bewegende Feier. Niemand hätte gedacht, dass die Kleine jemals den richtigen Mann findet, bei alldem, was sie durchgemacht hat."

Ralph stützte die Ellbogen auf die Knie und zählte die Kieselsteine zwischen seinen Füßen. „Ja, sie hat sich hinter ihren Büchern verkrochen und darüber das Leben vergessen. Ich hätte meiner Tochter wirklich gern gratuliert. Das alles ist ja auch schon so lange her."

„Es wird wohl niemals lang genug her sein, als dass es vergessen werden könnte", meinte der Sanitäter.

„Nein, das wird es wohl nicht." Ralph rieb sich den schmerzenden Nacken und stöhnte leise.

„Das geht bald vorbei", tröstete ihn der Sanitäter. „Zumindest die Sache mit der Trittleiter und dem Kabel am Wasserrohr hat geklappt. Stabil war das nicht. Das hätte durchaus wieder schiefgehen können."

„Ja, es hätte bestimmt geschicktere Möglichkeiten gegeben … Woher wussten Sie eigentlich, dass gerade ich hier aussteige und niemand anderes?"

„Niemand anderes konnte aussteigen. Es ist Ihre Haltestelle und der Bus hält hier nur ein einziges Mal."

Ralph schüttelte den Kopf. Resigniert schaute er dem Sanitäter hinterher.

„Die Hölle, das sind nicht die anderen."

Beate Blacker
Kindheitserinnerungen

Spielen die Kinder eigentlich heute noch Himmel und Hölle?

Mich hat das Spiel während meiner ganzen Kindheit in den siebziger Jahren im hessischen Ried begleitet. Kaum waren die Hausaufgaben gemacht, trafen wir Kinder uns auf der Straße und es hatte immer jemand ein Stück Kreide dabei, um die Hüpfkästchen auf der Straße aufzumalen. Auch ein Stein war schnell gefunden und so konnte es losgehen. Das erste Feld war die Erde, anschließend folgten die Felder 1-6. Daran schlossen sich Hölle und Himmel an. Die Erde war das Startfeld, die Hölle durfte nicht betreten werden. Zunächst musste der Stein in das Feld mit der Nr. 1 geworfen werden. Dann hüpfte man auf einem Bein los, erst im Himmel konnte der Spieler beidbeinig landen und sich kurz ausruhen, bevor er sich umdrehte und den Rückweg antrat. Auf dem Rückweg musste dann noch der Stein eingesammelt werden.

Nachmittage haben wir Kinder so auf der Straße verbracht, die Zeit vergessen im Sprung zwischen Himmel und Hölle.

Immer wieder gab es Diskussionen, ob der Stein nicht doch auf der Linie lag oder ob der Spieler mit dem Fuß auf die Linie getreten war. Der Ehrgeiz, aus dem Spiel als Sieger hervorzugehen, war groß, die Diskussionen waren bisweilen lang, doch immer wurde eine friedliche Lösung gefunden.

Spielen die Kinder in der Ukraine eigentlich auch Himmel und Hölle?

Können die Eltern in der Ukraine ihre Kinder auf der Straße spielen lassen oder müssen die Kinder ihre Nachmittage in Kellern und U-Bahnschächten verbringen? Können die Kinder in der Ukraine für ein paar Stunden die Hölle in ihrem Land vergessen, indem sie Himmel und Hölle spielen? Werden sie vom Sirenenalarm von der Straße vertrieben oder auch wie wir damals nur vom Nachbarn, den unser lautes Schreien störte? Werden die Hüpfkästchen unter Schutt und Asche begraben oder nur vom Regen weggewaschen?

Der Herr im Kreml übertritt schon lange alle Linien. Anders als wir Kinder hat er nie gelernt, sich an Regeln zu halten. Konflikte löst er mit Gewalt und nicht mit Diskussionen. Er tritt den Rückweg nicht an und er sammelt auch keine Steine auf. Er macht die Erde zur Hölle und wird den Himmel nie betreten.

Heute habe ich auf dem Gehweg vor dem Haus die charakteristischen neun Kästchen gefunden. Himmel und Hölle haben die Plätze getauscht, der Himmel kommt mir klein vor und die Hölle ist riesig. Wird das Spiel heute anders gespielt? Der Kreidestrich zwischen Himmel und Hölle ist verwischt und nicht mehr zu erkennen.

Was für eine Kindheit haben die Kinder heute in der Ukraine? Spielen sie auf der Straße Himmel und Hölle? Spielen sie es in Lwiw oder in Charkiw oder fern der Heimat irgendwo sonst auf der Welt? Wer kommt und macht die Hölle wieder klein und den Himmel groß? Wann gelten wieder die alten Regeln?

Zur Autorin: Beate Blacker (59)

Wo sind Sie geboren und/oder aufgewachsen?

Detmold und Hamm/Nordrhein-Westfalen.

Was beschäftigt Sie außer der Literatur – z. B. beruflich?

Juristerei.

Was ist das Besondere an den Texten, die Sie schreiben?

Autobiographisch, reduziert auf das Wesentliche.

Ein kurzes Statement: In unsicheren Zeiten können Bücher …

trösten und in eine andere Welt entführen.

Welches Buch hat Sie zuletzt begeistert?

„Stay away from Gretchen" von Susanne Abel.

Beate Blacker zählte in Stockstadt auch 2018 zu den Preisträgern.

Arri Dillinger
Vor dem Fenster das Meer

Sie machte die Tür auf und sah das Meer.

Noch nie in ihrem Leben war das Meer direkt vor ihrem Fenster gewesen.

Einen kleinen atemlosen Moment lang vergaß sie, warum sie hier war.

Dann dachte sie daran, dass auch Vulcano das Meer so sehr liebte, und die geliehene Zeit brach in sich zusammen.

Ihr Zimmer lag hoch oben und das Meer brüllte sie an.

Wenn sie hinunterschaute, musste sie sich festhalten. Trotz der halbhohen Eisenstäbe des vorgebauten Gitters fühlte sie sich schutzlos.

Kleine weiße Pinselstriche tanzten weiter hinten in durchbrochenen Linien auf dem blaugrünen Wasser, während vorn die Wellen sich schäumend den Hals brachen.

Sie wandte sich nicht um, sondern ging mit kleinen Rückwärtsschritten zu dem Bett in der Nische. Den Blick fest auf das tobende Wasser gerichtet, setzte sie sich auf die Bettkante. Ihre Reisetasche, die noch in der Mitte des Zimmers lag, war einst aus hellbraunem Leder gewesen. Schon lange hatten Nässe und Staub sie grauschwarz gefärbt. Sie streckte die Hand nach ihr aus. Nichts anderes gehörte ihr noch.

Warum war sie hier? Damit er mich nicht findet, wusste sie.

Die feine Schraffur der Tapete über der Tür sah aus wie mit Messern geschnitten.

Erst wenige Monate war es her, da sie glücklicher als je zuvor in ihrem Leben gewesen war.

Vulcano hatte sie auf dem Geburtstag ihrer Freundin Viola kennengelernt. Sie waren fasziniert voneinander, es hatte alles gestimmt, bald waren sie zusammengezogen.

Vulcano hatte so eine Art, sie zum Lachen zu bringen. Mit kleinen witzigen Geschichten, mit seltsamen Worten, die er erfand. Lachte sie, dann strahlte er und strich ihr mit seinem Zeigefinger zart über die Wange. Sie hatte nicht gewusst, dass Leben so leicht und gleichzeitig so aufregend sein konnte. Mit Vulcano zusammen bekamen auch die einfachen Dinge des Alltags eine Farbe. Besonders liebte sie, wenn sie die Stadt erkundeten. Sie liefen dann stundenlang durch Straßen, die sie nicht kannten und wetteiferten darin, Entdeckungen zu machen, die ihnen absonderlich oder fremd vorkamen. Der Mann mit dem Liegestuhl, der sich auf dem Gehweg sonnte, ein gotischer Spitzbogen zwischen zwei Autogaragen, ein Baum in der Mauer. Sie schrieben alle Fundstücke in ein kleines Heft und Vulcano freute sich wie ein Kind, wenn er die meisten Eintragungen hatte.

„Siehst du, ich bin dir zu etwas nütze!", pflegte er dann zu sagen und küsste sie sanft auf die Nase.

Sie tat empört und wehrte ab und liebte ihn doch so sehr für seine Behauptung.

Jetzt, auf ihrem Bett, zog sie die Knie an, umschlang sich mit den Armen, machte sich klein und schloss die Augen.

Das Meer sang sie in den Schlaf und als sie am nächsten Tag erwachte, früh am Morgen, war der Himmel noch grau und diesig.

Sie hielt es nicht mehr aus. Sie wollte nicht Gast mehr sein, nur für wenige Tage. Zimmer und Betten nicht immer wieder austauschen, nur um fremd zu bleiben, sich nicht in Erinnerungen eingraben. Dieser Ort schien ihr geeignet. Karg und einsam und vielleicht für die Suche uninteressant, doch genug Fremde hier, um nicht aufzufallen.

Sie stellte den Sessel vor das offene Fenster und setzte sich hinein. Die Beine machte sie lang und tastete mit den Zehen nach dem gebogenen Geländer. Ein Schwindel überkam sie. Das Meer, noch ohne Farbe, kam immer näher auf sie zu. Muschelförmig schoss es in Bögen auf die dunkle felsige Küste.

Sie waren schon fast ein Jahr zusammen gewesen, als sie es zufällig in Vulcanos Kleiderschrank fand. Sie suchte gerade verzweifelt nach ihren Turnschuhen, die sie, wie sie sich erinnern konnte, das letzte Mal auf ihrer gemeinsamen Reise nach Colda getragen hatte. Vielleicht hatte sie Vulcano ja zu seinen Schuhen in den Schrank geworfen?
Und da hatte sie es in der Hand. Aber glauben konnte sie es nicht, bis er die Tür aufmachte und sie anlächelte, auf seine warme und berührende Art, und sie plötzlich sah, wie sein Gesicht leer und seine Augen kalt und dunkel wurden und sie augenblicklich wusste, sie würde keine Chance haben.

Sie verließ den Sessel, zog die alten Sachen des Vortags aus, in denen sie eingeschlafen war und wühlte in ihrer Reisetasche nach einer sauberen Hose. Vorsichtig öffnete sie die Tür und ging mit nackten Füßen die Treppe hinunter. Unwahrscheinlich, dass so früh am Morgen jemand unterwegs war. Als sie im Eingangsbereich war, nickte der Mann hinter der Rezeption ihr freundlich zu.
Sie lief die Straßen des kleinen Städtchens entlang, schnell, barfuß auf kühlem Asphalt. Ihr Atem ging unregelmäßig, sie spürte den harten Schmerz unter ihren Rippen. Als die Häuser aufhörten und die Berge begannen, wurde sie langsamer. Davonlaufen, davonlaufen, immer wieder tanzten die Worte wild in ihrem Kopf.
Nein, sagte sie laut, dann schrie sie es. Es war keiner da, der sie hören konnte.

Immer war er ganz nah hinter ihr her gewesen. Sie hatte es erfahren, wenn sie unter einem Vorwand im vorherigen Hotel angerufen und Herrn Ovid verlangt hatte. Herr Ovid, so hatte sie ihn früher genannt, wenn sie ihn scherzend zur Ordnung rief und ein bisschen an ihn herumrüffelte.

Herr Ovid nannte er sich jetzt, auf Jagd nach ihr. Und er wollte, dass sie von ihm wusste.

Sie drehte sich um und ging langsam zurück. Man sah das Hotel schon von weitem, weiß, groß und hoch. Das war gut, ein deutliches Wegzeichen. Manchmal verschwammen die Dinge, die wichtig waren, für sie wichtig waren, das wusste sie.

Sie konzentrierte sich jetzt. Wie lange war sie schon unterwegs? Wo und in welchen Hotels hatte sie die letzten Male übernachtet? Misstrauen und Angst kamen in ihr hoch. Könnte es möglich sein, dass ... sie drückte die Finger fest gegen die Schläfen. Sie hatte schreckliche Kopfschmerzen.

Einen Schritt von der Straße ab nach rechts und schon stand sie auf rauem Basalt. Sie hob die Fußsohlen und schaute genau hin. Nein, sie konnte beruhigt sein, sie hinterließ keine Spuren, nichts, was an sie erinnern, nichts, womit man sie finden könnte. Der spurlose Abtritt ihres Fußes beruhigte sie.

An diesem Abend saß sie auf einem der orangen Plastikstühle der kleinen Fischerkneipe am Hafen. Stimmengewirr, durchsetzt mit einzelnen Wort- und Satzfetzen der ihr fremden Sprache, der schwül-warme Geruch von frittiertem Fisch, der Duft von Wein und Salz fanden einen Weg zu ihr. Sie fühlte sich aufgehoben, nach langer Zeit wieder zum ersten Mal. Sie merkte mit schüchterner Freude, dass das Essen ihr schmeckte und dass das Gelb der Zitrone, die auf ihrem Teller lag, eine wunderbare Farbe war. Sie trank Rotwein in kleinen Schlucken und genoss seine dunkle Säure.

Als sie später die Tür öffnete, begrüßte ihr Zimmer sie wie eine

Vertraute. Sie waren schon bekannt miteinander. Der Geruch stimmte. Ein bisschen von ihr war in ihm, ein bisschen war fremd. Einen flüchtigen Moment lang dachte sie, da wäre noch etwas anderes, was sie spürte. Ach ja, das Meer wohl, das wie beim ersten Betreten zu ihr hinaufbrüllte.

Der Sessel stand noch vor dem geöffneten Fenster, so wie sie ihn am frühen Morgen verlassen hatte. Sie ging zu ihm hin und setzte sich hinein. Sie sah das Gitter vor dem Fenster. Jetzt im Dunkeln schien ihr die Tiefe noch ausgedehnter als am Tage. Doch es beunruhigte sie nicht mehr. Sie spürte den feuchten Wind auf ihrem Gesicht, betrachtete lächelnd den Mond, der falsch herum seine Sichel zeigte und lauschte den Stimmen der galoppierenden Wellen.

Die Schritte, die sich ihr näherten, hörte sie nicht.

Und als es geschah und sie in den Wind geworfen wurde, nahm sie mit Erstaunen wahr, dass der Mond wieder so am Himmel stand, wie er sollte.

Zur Autorin: Arri Dillinger (72)

Wo sind Sie geboren und/oder aufgewachsen?

1949 in Düsseldorf geboren und dort aufgewachsen.

Was beschäftigt Sie außer der Literatur – z. B. beruflich?

Nach der Tätigkeit als Sonderschullehrerin arbeite ich in einer kleinen Buchhandlung in Frankfurt am Main.

Was ist das Besondere an den Texten, die Sie schreiben?

Ich mag Menschen, bizarr, seltsam, eigenwillig, und versuche sie in meinen Erzählungen abzubilden.

Ein kurzes Statement: In unsicheren Zeiten können Bücher ...

uns in andere Welten entführen.

Welches Buch hat Sie zuletzt begeistert?

„Lied vom Abendrot" von Lewis Grassic Gibbon.

Arri Dillinger zählte in Stockstadt schon mehrmals zu den Preisträgern.

Josephine Szallies

Neuanfang

Irgendwie hatte ich heute Morgen, als ich aufgewacht bin und das Rollo hochgezogen habe, ein komisches Gefühl gespürt. Ich kann es nicht benennen, aber es war eine Art Stechen oder Ziehen, welches sich in meinem ganzen Körper ausgebreitet hatte. Je nachdem, in welche Richtung ich einen Schritt tat, wurde es stärker oder schwächer, es war fast, als wäre ich wieder ein Kleinkind, auf einer Geburtstagsparty, wenn man etwas suchte und die Erwachsenen heiß oder kalt riefen. Desto „kälter" es wurde, desto mehr zog und stach es in mir. Schon fünfzehn Minuten, nachdem ich aufgestanden war, hielt ich es nicht mehr aus. Es war grausam. Also sagte ich Mutter und Vater, dass ich früher zur Schule musste, um mit Freunden an einem Referat zu arbeiten. Vater hatte mir geholfen, das Fahrrad aus der Garage zu holen und dann verabschiedete ich mich von ihm. Es war anders als sonst. Ich wollte ihn umarmen und ihn Stunden lang nicht mehr loslassen, er hob die Augenbrauen, als ich nicht wie sonst nur eine Verabschiedung rief, sondern ihn an mich drückte. Zu Mutter musste ich auch noch rennen, da irgendetwas in mir es sagte, oder es vielmehr verlangte. Ich zitterte, als ich mir die Handschuhe anzog und den Schal enger um meinen Hals schlang. Vielleicht hätte ich meine Winterjacke doch noch nicht in den Schrank tun sollen. Schnell los, dachte ich und stieg aufs Fahrrad. Ich wollte wie normal zur Schule fahren, doch das Ziehen zerrte mich in eine andere Richtung. Weg vom Graf-Stauffenberg-Gymnasium aus der Stadt raus zu den Feldern und Weinbergen. Ich fuhr und fuhr. Trotz der Tatsache, dass ich schwitzte, als hätte ich gerade beim Triathlon mitgemacht, raste ich weiter. Ich wollte einfach nur dieses Stechen loswerden, alles andere war egal. Die Schule, egal, die Anstrengung, egal, die Kälte, vergessen. Selbst den Sonnenaufgang, den ich eigentlich jeden Morgen ansah, während ich zur Schule fuhr, hatte ich in einem der hintersten Kammern meines Gehirnes verschlossen, wo er verstaubte. Das Stechen war kaum noch spürbar, als ich an der Flörsheimer Warte vorbeifuhr. Mutter liebte es dort, jeden Sommer aßen wir zusammen mit Freunden und Nachbarn dort und genossen das Wetter. Ich erreichte den Wald und sprang von meinem Fahrrad, ich ließ es am Wegrand liegen und betrat den Wald. Das Ziehen zog mich weiter in den Wald hinein, ich war noch nie dort gewesen und erstarrte, als das Ziehen und Stechen verschwunden war. Ich hatte eine Lichtung erreicht. Sie war von Bäumen umringt, verschlossen für das normale Auge. Was tat ich hier? Der Rasen sah so schön grün aus, ich zog meine Schuhe und Socken aus, ließ sie am Rande der Lichtung stehen und lief weiter in die Lichtung hinein. Und kniff die Augen zusammen. Ein regenbogenfarbenes Leuchten schien die Mitte der Lichtung zu erhellen. Ich hielt mir eine Hand vor die Augen, lief jedoch auf das Leuchten zu. Nur noch ein Schritt trennte mich von dem Leuchten. Sollte ich? Ich nickte mir selber zu und streckte meine Hand in das Leuchten.

Ein verschwommenes Bild schoss mir ins Gesicht. Ein kleines Mädchen, sie saß auf einem rosafarbenen Teppich und spielte mit ihren Puppen. Ich kniff die Augen zu, um das Bild zu verschärfen. Ich zuckte zusammen und zog meine Hand aus dem Leuchten. Und da begann ich mich wieder zu erinnern, an die Lichtung, an den Tag, an dem ich so früh aufgestanden war, an dem Tag, an dem sie gestorben war. Das war Zora gewesen. Ich zitterte am ganzen Körper und schlang meine Arme um mich. Ich fiel auf meine Knie und senkte den Kopf. Blonde brüchige Haarsträhnen fielen mir ins Gesicht. Tränen bildeten sich in meinen Augen und ich schluchzte auf. Warum? Warum, musste ich das sehen? Ich begann immer heftiger zu zittern und fasste mir mit den Händen ins Gesicht. Ich sank weiter in mir zusammen und schrie auf. Zora. Meine süße kleine Schwester ...

„Aurora, Aurora, wach auf!", sagte eine Stimme und jemand rüttelte an mir. Ich schrak hoch und klammerte mich an meiner Bettdecke fest. Eine Frau, die genau aussah, wie eine ältere Version von mir, mit der einzigen Ausnahme, dass sie blaue und ich dunkelbraune, fast schwarze Augen hatte, sah mich an. Mama. Ich schluchzte auf und warf mich in ihre Arme. „Ich habe von Zora geträumt", sagte ich und weinte, während sie mir übers Haar strich. „Ich weiß, ich weiß Liebes, du hast ihren Namen gerufen, Papa ist gerade auf Arbeit, wie wäre es, wenn wir zwei zu ihrem Lieblingsplatz gehen." Sie lächelte mich an und ich war ihr dankbar dafür, dass sie ihre eigene Trauer hintenanstellte, für mich. Ich nickte. Sie stand auf und kam mit einer Packung Taschentücher zurück, ich nahm mir eines und trocknete mein tränennasses Gesicht. Sie ging hinunter, um einen Tee zu machen, während ich mich umzog.

Die Lichtung sah genauso aus wie in meinem Traum, nur das Leuchten war weg. Stattdessen wuchsen nun Blumen in der Mitte. Lilien. Es waren Zoras Lieblingsblumen gewesen. Sie war jedes Mal stehen geblieben, wenn wir beim Spazierengehen Lilien in Gärten gesehen hatten. „Aurora, sie würde wollen, dass du, dass ich, dass wir alle weiterleben. Du darfst dein Leben nicht wegschmeißen, weil sie nicht mehr da ist. Ihr geht es gut, sie ist jetzt in einer Welt ohne Schmerz und Trauer. Sieh in den Himmel, Zora ist dort oben und beobachtet jeden deiner Schritte, lebe glücklich, sodass du irgendwann nach einem langen erfüllten Leben wieder auf sie treffen kannst", sagte Mutter und küsste mich auf die Stirn. Sie hatte Recht. Zora würde nicht wollen, dass ich mein Leben wegwarf. Ich kniete mich in die Mitte der Lichtung neben die Lilien und sah in den Himmel, das Sonnenlicht blendete mich, als ich nach oben sah und zu Zora sprach: „Ich verspreche dir, ich werde neu anfangen, für dich und für Mama und Papa, aber vor allem für mich." Das erste Mal seit Jahren lächelte ich wieder, und zwar nicht, weil man es von mir erwartete, sondern, weil ich lernen wollte, wieder glücklich zu sein.

Zur Autorin: Josephine Szallies (14)

Wo bist Du geboren und/oder aufgewachsen?	08280 Aue.
Was beschäftigt Dich außer der Literatur – z. B. welche Schule oder Ausbildung?	Schülerin in der Bertha-von-Suttner-Schule, lerne gerne Sprachen und lerne Gitarre.
Welche Art von Texten schreibst Du am liebsten?	Fantasy und Romantik, Romantasy.
Was würdest Du in fünf Jahren gerne machen?	Bücher schreiben, studieren (gerne im Ausland).
Welches Buch eines anderen Autors hat Dich zuletzt begeistert?	„Das Reich der sieben Höfe", Reihe von Sarah J. Maas.

Nathalie-Sophie Hammer

Die Legende der Maya

Taya - 2022

Die Maya

Meine Finger zittern, als ihre Kuppen die Tasten berühren. Mein Blick streift die anderen Computer der Schulbibliothek. Im Religionsunterricht behandeln wir momentan den Zusammenhang verschiedener Religionen und ich habe mich bereit erklärt, einen Artikel über die Maya zu schreiben, die mich auch aufgrund meines Namens interessieren.

Die Maya sahen sich selbst als die „wahren" Menschen und Vermittler zwischen ihrer Welt und der Welt der Götter. Ebenso wie die Heldenzwillinge (Xbalanqué und Hunapú) wollten sie nach dem Tod in den Himmel gelangen. Dazu mussten sie allerdings durch Prüfungen, die ihnen in Xibalbá gestellt wurden. Xibalbá (Ort der Furcht) galt bei den Maya als der Ort, an den alle Toten gelangen, egal, wie sie zuvor gelebt hatten. Die Ankommenden mussten Blutströme überqueren.

Einen Blick ins Buch „Mythen und Sagen aus allen Kulturkreisen" auf dem Tisch neben mir werfend, schüttle ich den Kopf. Als wären Blutströme nach dem Tod nicht schon genug, scheinen die Religionen Mesoamerikas auch Blutopfer zu mögen. Allein beim Lesen von Blutopfern, die dadurch erfolgten, dass ein Priester einem Gläubigen mit einer Dornenranke in die Zunge schnitt, schüttelt es mich.

Insbesondere Naturgottheiten wurden von den Maya verehrt. Zu den ersten Geschöpfen von Himmelherz (Himmelsgott) und Gucumatz (Meeresgott) zählen der Jaguar, die Schlange und der Hirsch. Diese drei Tiere waren äußerst symbolhaft. Der Hirsch, der als heiliges Tier galt, wurde zu Ehren der Götter bei Festen verspeist. Der Jaguar galt als Jäger und die Schlange als Himmelssymbol. Letzteres wegen der Ähnlichkeit der Worte „Schlange" und „Himmel" in der Sprache der Maya.

Himmelherz und Gucumatz versuchten Menschen zu erschaffen, was ihnen erstmal misslang. Erst nachdem Xbalanqué und Hunapú dem Tod die absolute Macht nahmen, galt das Universum als bereit für die Schaffung der Menschen. Diese wurden aus Maismehlteig geschaffen. Vier Männer und vier Frauen. Damit sie nicht versuchen würden Götter zu werden, blies Himmelherz ihnen Nebel in die Augen. Dadurch konnten sie nur das Nahe sehen. Ihnen ging es gut, jedoch verlangten sie nach Licht. Daraufhin bekamen sie Feuer von den Göttern, die Dankesopfer als Gegenleistung verlangten. Da die ersten wirklichen Menschen aus Mais geschaffen worden waren, existierte bei den Maya ein Maisgott.

Die Priester der Maya waren bewandert in Geschichte, Ritualen und Kalenderberechnungen. Das bedeutsamste Ritual war das Neujahrsritual. Ansonsten ehrten die Rituale Jäger, Fischer, Imker und andere Gruppen.

Im Popol Vuh (Buch des Rates) sind die Schöpfungsgeschichte und andere Mythen aufgezeichnet.

Xbalanqué und Hunapú konnten sich selbst wieder zusammensetzen, das heißt, dem anderen das Herz rausschneiden und dann wiederbeleben. Die Götter, denen sie es zeigten, waren so sehr davon beeindruckt, dass sie selbst erleben wollten, wie es war, aus dem Tode wiederaufzuerstehen. Darin erkannten die Zwillinge ihre Chance, indem sie den Tod überlisteten und die Götter zwar „sterben" ließen, aber nicht wiederbelebten.

Die Heldenzwillinge kehrten nach geschehener Tat als Mond und Sonne an den Himmel zurück.

Die Unterwelt der Maya bestand aus neun Ebenen, die von Göttern beherrscht wurden, welche Wirbelstürme, Dürre und Kriege brachten.

Heutzutage fragen wir uns, warum es Leid auf der Welt gibt. Nach den Legenden der Maya mussten die Heldenzwilling Qualen erleiden, ehe sie zum Himmel gelangten. Vielleicht müssen wir heutzutage ebenso durch Himmel und Hölle gehen, ehe wir in den Genuss des Paradieses gelangen. Möglicherweise müssen wir es uns nur auch erst verdienen.

Aber wir können jeden Tag darüber entscheiden, wie wir mit unseren Mitmenschen umgehen und wie wir ihr Leben gestalten. Ob wir für sie Himmel sein wollen oder doch eher Hölle. Wahrscheinlich sind wir bei den meisten etwas dazwischen. Die Erde.

Bei den Maya gab es zwei verschiedene Kalender. Das Ritualjahr bestand aus zweihundertsechzig Tagen mit Zyklen zu je 13 Tagen. Dieser legte die Zeitpunkte von religiösen Ritualen und Festen fest. Der zweite glich unserem heutigen. Er hatte 365 Tage in Zyklen zu je zwanzig Tagen. Es kam auch vor, dass beide Kalender zu größeren Zyklen zusammengelegt wurden.

Vor zehn Jahren sollte nach dem Kalender der Maya unsere Welt angeblich untergehen, aber noch leben wir.

Felix - 2012

Ich stehe vor der Tür zur Hölle. Niemand hört mir zu. Niemand kennt mich. Sie nehmen mich einfach so hin.

Keiner ahnt auch nur was. Die Tür flüstert mir zu, sie zu öffnen. Erfordert von mir, dass ich ihre Wesen freilasse.

„Um der Hölle zu entkommen, musst du den Himmel suchen." Irritiert drehe ich mich um. Vor einer Minute ist diese Stimme noch nicht dagewesen. Niemand ist zu sehen. Stattdessen höre ich eine Melodie.

Diese Melodie führt mich zu den Rheinauen. Die Auerochsen laufen in Richtung Zaun. Diese Strecke, wenn ich mit dem Fahrrad unterwegs bin und an der NATO-Straße weiterfahre. Um dann nach Groß-Rohrheim zu gelangen. Oder andersrum, wenn ich von Groß-Rohrheim zurück nach Gernsheim fahre.

Ich trete auf die Auerochsen zu und strecke ihnen meine Hand entgegen. Sie haben etwas Uraltes an sich.

Ein Beben durchfährt meinen Körper, als Himmel und Erde aufeinandertreffen. Farbenwirbel hüllt mich ein. Der Erdkern bricht auseinander. Überall auf der Erde brodelt Magma als Lava hervor.

2012. Das Jahr des Weltuntergangs. Magma. Wo war das Paradies?

Eine Stimme ertönt über uns. Mein Auftrag.

„Felix. Sind die Menschen es wert?"

Spielt er darauf an, dass ich die Tür zur Hölle geschlossen gelassen habe? Was soll ich tun?

„Himmelherz. Die Welt soll untergehen im Jahr 2012. Warum jetzt?"

„Haben sie sich als würdig erwiesen?"

„Wie sollen sie es, wenn sie weder den Himmel noch das Paradies kennen? Die Welt wird untergehen. Hast du nicht gehört, wie verzweifelt sie beten? Welch lockere Feste sie feiern? Sie orientieren sich an dem Kalender der Mayas und dieser endet heute. Wie soll ich über die Welt urteilen, wenn mir nicht mal mehr ein Tag bleibt?"

„Eine neue Epoche wird anbrechen."

Erstaunt drehe ich mich um. Kaum zehn Meter von mir entfernt steht Igor. Igor, ein introvertierter Klassenkamerad von mir, von dem ich sonst kaum mehr vernehme, als ein Philosophieren über Astronomie. Wie ist er in all das verwickelt?

„Komm zu mir Felix", wendet er sich an mich und reicht mir seine Hand. Ich ergreife sie in dem Moment, in dem die Welt untergeht und kollabiert.

Die Hoffnung der Welt lag in meinen Händen. Das Ende der Welt lag in ihnen und ich hatte nichts getan, um es aufzuhalten.

Erneut ertönt die Stimme der Höllentür in meinem Kopf. Ich habe keine Kraft mehr, ich muss sie öffnen. Erschrocken betrachtet Igor das Ganze, fängt sich aber wieder. Die Welt wird unter einem Ascheberg vergraben.

Mitten auf dem Wasser. Mitten im Rhein.

Igor deutet auf den Haufen, doch ich verstehe nicht, was er meint. Dann erkenne ich es. Etwas regt sich in dem Haufen. Und dann stiebt Asche zur Seite. Ein Phönix erhebt sich in all seiner Pracht. Blickt zu uns und sendet uns Tränen.

Ein Meer aus Tränen erstreckt sich um die Welt und die Auerochsen um uns versammeln sich, um dem Schauspiel beizuwohnen.

Leben ragt aus der eben noch vernichteten Welt hervor.

Für die Menschen, die nicht sehen, was in ihren Augen undefinierbar bleibt, war es kaum mehr als ein Augenblick. Doch bekamen sie statt einem Untergang eine zweite Chance.

Zur Autorin: Nathalie-Sophie Hammer (18)

Wo bist Du geboren und/oder aufgewachsen?	Seeheim-Jugenheim.
Was beschäftigt Dich außer der Literatur – z. B. welche Schule oder Ausbildung?	Lesen, Paddeln, Tanzen, Klavier spielen …
Welche Art von Texten schreibst Du am liebsten?	Gedichte, Fantasyromane, ab und an auch Kurzgeschichten.
Was würdest Du in fünf Jahren gerne machen?	Die Welt sehen, vielleicht studieren und schreiben.
Welches Buch eines anderen Autors hat Dich zuletzt begeistert?	„Sturmlicht-Chroniken" von Brandon Sanderson.

Die Liste aller Siegerinnen und Sieger des Stockstädter Literaturwettbewerbs

Viele der erfolgreichen Teilnehmer unseres Wettbewerbs haben schon mehrere Erfolge in Stockstadt errungen und sind darum für ihre Fans in mehr als einem Siegerbuch zu finden.

Die Liste aller Preisträger/innen und ihrer Texte, vom ersten Wettbewerb 1996/97 bis heute ist auf unserer Website **www.riedbuchmesse.de** zu finden. Durch Scannen des QR-Codes kommen Sie direkt auf die Seite mit der Liste.

Literaturwettbewerb zur 26. Buchmesse im Ried

Wir bedanken uns bei unseren Sponsoren:

Altrhein-Apotheke, Kerstin Berthold e.K.	Stockstadt am Rhein
Baugenossenschaft RIED eG	Groß-Gerau
Entega Stiftung	Darmstadt
Fraport AG	Frankfurt am Main
Hessische Landgesellschaft mbH	Mörfelden-Walldorf
Merck KGaA	Gernsheim
MÜLLERiedstadt Reisebüro - Omnibusbetrieb Fritz Müller e.K.	Riedstadt
Schäfer III. GmbH & Co. KG	Biebesheim am Rhein
Sparkassen-Stiftung Groß-Gerau	Groß-Gerau
Überlandwerk Groß-Gerau GmbH	Groß-Gerau
Volksbank Darmstadt-Südhessen eG	Darmstadt
Waibel KG	Gernsheim
Weber-Ingenieure GmbH	Darmstadt